升斗草民话一鳟

Sheng Dou Cao Min

Hua Yi Zun

王克斌

978-1-4583-1788-9
Imprint: Lulu.com

目录

序

刚到美国的时候，我感到有些不适应。这倒不是因为异国他乡水土不服，主要是对制度迥异的本能反应。想当初在国内进大学，政治老师和辅导员围着学生转。他们一方面指教我们树立忠于党和为国家奉献的学习目标，一方面了解我们的活思想。让我们把灵魂深处的东西晾出来，然后再"启发"我们批判自己的过去。

系和校一级的领导经常作报告，介绍大好形势，传达国际上两大阵营以及对修正主义的斗争。于是，我们感到一下子头脑变得很丰满。就像一台新计算机下载了一套"完善"的操作系统和辅助文件。当然也让我们失去了独立思考的空间。

到了美国，学校没有党委，系里没有政工组，班上不要说支部，就连班委会都没有。对一个初来乍到的外国学生，居然没一个人或组织找我谈话，明确学习的方向。也没有一位什么委书记对我们训话。美国的两个党居然没一个关注我们的政治取向，也没人拉拢我们效忠某一方。一个来自独裁国度的我，在这片自由的土地上，突然感到空乏渺茫，无所依托。

然而时间一长，我就明白了。这不就是辛亥革命的先烈前赴后继努力争取的民主和自由吗！那些书记们、领导们和辅导员们不过是维护专政的工具。他们联起手来麻痹学生，封闭视野，打压不同意见。他们给每个学生都套上一条精神的锁链。这些学生则像一群宠物狗，被这些政治爪牙们拉来拉去。可一旦脖子上的圈套被拿掉，我却如同一个电感线圈，感到一股反电动势的冲击。具体表现就是没着落，不适应。

可是反电动势的持续十分短暂，很快我就喜欢上这种自由自在的生活。我也逐渐养成了独立思考的习惯。这种新的精神贯穿到我的学业，也帮助我对周围事物做出自己的判断。于是我开始拥有了属于我自己的见解和观点，不再受他人的支配和蛊惑。

时间一久，别人强加在我脑中的那些意识逐渐淡薄，民主自由的观念开始潜移默化。首先是那些美国的新闻媒体，他们都是私有企业。他们毫无顾虑地暴露社会的弊病，甚至敢于跟总统争辩。比起国内那些姓党的欺骗观众的喉舌，他们才是真正的新闻记者。

我的另一个体验是官员对百姓的关注。当我有事求助于国会议员或州长时，他们会很快回应。能够解决的问题，他们不拖拉；解决不了的问题，他们也会解释清楚。于是我明白了一个道理，他们是百姓选出来的，所以他们对百姓负责，为人民办事。

此外，美国的学校虽然没有政治课，但学生都很爱国，而且爱得健康。他们没有三忠于和四无限，他们的爱国主义是从日常生活中逐步自我树立的。比起国内那些用填鸭方式灌输的"爱国"说教，美国的爱国思想更持久牢固。

我的思想的彻底转变还要归结于广场上的机枪坦克。暴力和血腥教育了我，所谓美好的共产主义不过是一句骗人的口号。当那些人手中的权力受到威胁时，他们会不惜一切代价，亲手杀害那活了他们自己的子民。

退休后，我有时间把自己的思想系统化，规范化。也随即开始动笔，把我的思想、观察写成文字。《升斗草民话一鳟》收集了 30 多篇评论中国的一尊习总书记的文章。从他登基前夕到执政的第八年，实现全面的倒退，与普世价值彻底分道扬镳。他驾驶着装载 14 亿人的列车，开足马力，向百丈的悬崖奔去。他为了一己之权、一党之私，置中国的命运于不顾。然而他必将遭到历史巨浪的冲刷。不管中国的民主之路如何迂回曲折，但转型的那天终将会来到。

这个小册子从选题到动笔都是作者独立思考的产物。尽管是一家之言，读者或许会发现一些合理的内涵。还望读者批评指正。使我的粗糙思索逐步升华到理性的观念。谢谢！

对西方制度的爱恨
2-16

中美建交不久，改革开放的总设计师，摸石头过河理论的奠基人，邓副主席靠远见卓识把令公子邓质方送到美国留学。我听罗切斯特大学物理系主任高夫先生，加拿大人，说过，他曾经受宠若惊地亲自开车到机场迎接这位贝勒爷。后来，这位贝勒爷在美国生了个红三代，使得小平同志骄傲地成为共产党高干中第一个美国孙子的爷爷。

靠64屠城应运而出的一世枭雄江泽民同志亦步亦趋，当仁不让。也把儿子送到美国攻读博士，也可以堂堂正正地去骂美国孙子。依仗乃父权倾朝纲和拽可西尔大学的博士，江绵恒身跨官、商和科技三道，权、钱、名三位一体。邓江之举，令国人深深感受到爱美之心，人皆有之。

遗憾的是，改革初期，对美国了解不多。不知道在这个自由民主国家，学校也分三六九等，良莠不齐。到了红二代生出的红三崽长大后，开始向往英美的贵族学校，哈佛、剑桥。唱红打黑的先锋薄熙来的大公子薄瓜瓜，幼年入读英国贵族学校哈罗公学，经牛津大学毕业后，现在在美国哈佛读研。革命的门第加上西方的高雅气质，可称是狗撵鸭子"瓜瓜"叫了。

现在，在邓、江之下，有几个部长以上的高干的儿孙没有受过或正在接受西方学校的教育。这些人有的回国经商、做官，有的拿了美国的绿卡。欧、美、澳成了这些红二代红三代的姥姥家，姨家，出国读书或工作就像走亲戚似的，畅通无阻。从这些权贵们的所为，不难看出他们对美国制度的向往和认同。否则，决不会把子女当作人质往火坑里扔。

眼看着，又一个清华牌的精英习近平博士就要荣登宝座了。这位未来的共产党总书记，军委主席，女儿在哈佛，侄子在乔治城大学。在一片爱美崇美的热潮中，他一点也不逊色。不仅如此，习总的大姐和大姐夫是加拿大籍，二姐和二姐夫以及弟弟拥有澳大利亚绿卡。除了习总和彭丽媛将军，一家人几乎都在海外谋了出路。对西方的景仰和羡慕，使得他的所有社会关系都连接到西方。若论爱美爱西方，这个钟鸣鼎食之家算是无以复加了。谁能保证在制定政策时，他会100%地站在中国一边。美国有不少人挑战欧巴马的出生证明，中国却鲜有人敢怀疑半裸书记的忠诚。

对西方的垂慕和肯定还体现在购买美国债券，在外交上对美国的重视，以及领导人对美国的态度。当年江泽民主席一定要争取到布什农场级的高规格接待礼仪，他老人家一把年纪还低三下四地在美国的政客面前高唱我的太阳，卑躬屈节，有失体统。对内一脸凶气的朱镕基下车伊始就说："我给你们出气来了"。每个王储在登基大典之前一定要到西方朝拜如来，获得重视与青睐。那些嗜钱如血的裸官们则把西方看作避难所和天堂，花着大把的银子让家人在西方极乐世界安居乐业。至于那些落难的官员则把美国领馆当成政治避难的第一选择。遗憾的是，号称人权卫士的美国政府也在金钱的诱惑下堕落成势利小人，竟然拒绝了王立军的庇护申请，让后边排队等待的黑官同志们捏了一把臭汗。

中美之间本无大恨，对美国和西方制度的仇恨，有着历史和意识形态的原因。在抗日战争和解放战争中，美国支援过国民党和国军。解放后毛泽东主张一边倒的外交政策，东风压倒西风，赶跑了对中国深情难舍的司徒雷登，把美国当成了全世界人民最凶恶的敌人。在意识形态上中美势不两立，正如一首歌所唱的："东风吹，战鼓擂，现在世界上究竟谁怕谁，不是人民怕美帝，而是美帝怕人民。"没想到后来的局势演变成："西风吹，战鼓擂，现在世界上究竟谁怕谁，不是人民怕独裁，而是共党怕人民。"

随着国共敌对的历史越来越远，随着社会主义阵营的分崩离析，人民对共产党已经开始反感。中共的领导人们在意识形态上也已模糊不清，一群动辄贪污百万的官僚群体不可能再崇尚曲高和寡的马克思主义。因而对美国的历史和意识形态上的对立已经逐渐淡薄，今天，中共对美国的仇恨心理基本上来自一个民主制度国家对一个封建独裁的国家的统治基础的威胁。他们害怕中国效仿美国实施民主制度，从而使一小撮特权阶层失去骑在人民头上作威作福的天堂。与其说是对西方制度的仇恨，不若说是害怕和恐惧，因此，他们封闭互联网，堵塞民众的耳目，让他们不知道民主制度的好处，踏踏实实地成为这个泛封建制度的世代臣民。

那些把子女送往美国的外交部的官员们每年都要呈递一部煽动性很强的美国人权报告。他们在叙利亚，伊朗，朝鲜等外交政策上掣肘美国和北约。希望能够延长一下这些独裁国家的生命，留下几个同病相怜的国际伙伴。为了围堵西方自由民主的声音，代表人民的吴委员长提出六个不搞，"不搞多党轮流执政，不搞指导思想多元化，不搞三权鼎立和两院制，不搞联邦制，不搞私有化。"其核心内容就是反对人民当家作主，反对吊销他们把国家财产装进私囊的特权。

这些新生的权贵们是一群既非马克思主义，又非资本主义的封建制度的维护者和获利者。他们一边把子女家属送到西方，荣享太平，一边在中国防止西方敌对势力的侵蚀，充分表现了他门口非心是，吃里爬外，脚踏两只船的丑陋嘴脸。总而言之，好事都是他们的。在中国维护封建统治，可以保全他们滚滚的财源和无上的权利。在西方为他的家人们留下个退身之计，一旦中国这边翻船，他们可以轻轻一跃跳到西方颐享天年。

对西方制度爱与恨的二重性表现了中国上层领导人的权欲与私心。为了一小撮人的私利，剥夺了13亿国人的自由和民主。然而世界的潮流不可阻挡，自由民主迟早会在中国落户，人民终会当家作主。勇士之泽三世而斩，何况一小撮利欲熏心，贪得无厌的封建群体。

对习旋风的赞誉缓行

没有经过竞选宣传就成了唯一总统候选人的习近平同志，在美方的热情配合下，成功地完成了国事访问，为两国后十年的关系建立了良好的开端。无论是美方还是中国的老百姓，都在殷切地盼望着这位习大人能够给他们带了前所未有的好处。于是，无论是美方还是中国的互联网，都紧锣密鼓，出现了一片赞美之声。对习近平亲民的微笑，举手投足，甚至坐姿分腿，都大加称颂，好像这位未来的习总书记是由中美两国人民共同选出的一颗闪烁的新星，即将给中美人民带来幸福。

我想在众人热气正高的时候，不合时宜，泼一盆冷水，起码能浇到我自己的头上，清醒清醒。习在这次为期数日的外访中的确有不少亲民的镜头，可是，他进入中央政治局已经 9 年，在他自己领导的国家里，留下了多少亲民的形象？无疑，这是故作姿态，给外国人看的。本不是这样的人，却做出了这样的事，难免有花拳绣腿，逢场作戏之嫌。五天里安排了 27 项活动，表现了这位王储的轻狂浮躁，华而不实，以及急功近利的心理素质。

习总书记说过三句话也受到不少文人的吹捧和诠释。其实，对这三句话也可以有不同的理解。他说太平洋之大容得下中美两国，当然可以说是宽大胸襟。但也可以被理解为无奈之状。12-9 运动时，学生不满暴政，提出北平之大容不下一张书桌，学不下去了。习选在情人节期间访美，难掩其献媚之意，以太平洋之大一词想乞求老美停止军事东扩，留给我们一点空间，硬中又透着疲软。

他引用了电视剧《西游记》的歌词，请问路在何方，路在脚下，也有暧昧之处。他把自己这次访问比喻成当年的唐僧，显然矮化了自己和自己所代表的国家。不过话说回来，他要是真能取回真经，带回自由民主的理念，推行政体改革，那还真是 13 亿人的造化。至于说人权只有更好，没有最好，则是变相地表明我们的人权政策也不错，等于推卸中国政府在人权上的过失。每次在领导人的重要访问前，都要放出一个政治犯，作为见面礼。这次习的访问，有人猜测刘晓波会被宽大处理。实际上，在访问前不久，中方又重判了几个因诗歌和网络的政治异见者。可见，习丝毫没有流露任何在人权问题上的歉疚。

在中国一党专制的社会中，老百姓唯一的希望就是出一个好皇上，出几个清官。江主席，胡书记在上任前后都获得过这种期盼的殊荣，到头来，专制越来越紧，贪官越来越多，房价越来越高，食品越来越假，民风越来越差。如果新领导上台时的期望值是一，10 年后则是经过了 5 个半衰期，期望值降到了原来的 0.03125。原因很简单，新首领是政治局的各派寡头经过权衡厉害而指定的，最重要的要求就是让党的香火代代承传，江山永固。至于老百姓的愿望，Who Cares？

习近平先生也是在这种机制中应运而生。一个主要的原因是他出身红色，锋芒不露，老实可靠。即使在共产党内，比习优秀的也大有人在。只不过按毛主席的话说："你办事，我们放心。"可怜的是那些把习当成紫薇天子的人，他们也想跟着一块放心。殊不知道，这天子不是为你们下凡的。薄熙来有才干，有魄力，是位咤斥风云的人物，可是脑后有反骨。为了自己出名，可以踏断老爹的三根肋骨。有理由说，将来为了他的野心，或许会另立旗帜，中断了党的事业。在开门办学时我认识过一个青工，林炎志，林枫的儿子。此人聪敏好学，为人正派，1977 年考进清华。后来做过北大的党委书记。但是他有自己的观点，对改革开放的某些措施持有异议，因此被边缘化。真正有本事、有头脑的人很难受到政治局委员们和江老太爷的一致青睐。就此而言，对习不要期望过高，过高反倒会成为习将来加固一党专政的本钱。除非大佬们看走了眼，挑了个仿冒官窑的赝品。

自 1990 到 2000 年，习近平同志一直在福建任职。恰恰在这段时间里，赖昌星的有限公司做大，他那个红楼不知腐蚀了多少干部。就算是习书记洁身自爱，点尘不沾，也不能说："出淤泥而不染，濯青莲而不妖"吧，他的职责何在？至少也有渎职之过。在这个问题上不给老百姓一个交待，他要是还有点良知的话，自己也说不过去。

子女留学海外本来是家长的自由。但是对掌管生杀大权的官宦们则另当别论。他们领导着中国的教育体系，居然带头把孩子送到欧美读中学和大学，可实际上中国的大学、中学教育并不比外国差。薄熙来和习近平等领导的举动表明他们对自己的教育事业的轻蔑。于是，大批的国人砸锅卖铁，也要把孩子送出去，抢先在起跑线上。再说，读贵族学校，费用很高，这些领导的经济收入也值得怀疑。

习近平同志曾在日理万机的百忙之中，获得法学博士，只有两种解释。第一才智过人，大脑中镶嵌着 10 多个并联的中心处理机（CPU），眼观十行字，耳听百人言。可是像庞士元先生这样的高人几千年大概才出一个，习先生恐怕不在此列。第二，自己感到底气不足，缺乏自信，依仗权势，顺手牵了个博士帽当作观世音身后的光环，成为官场晋升的政治资本。让一个自己都不相信自己的人来管理 13 亿国民，岂不是要以其昏昏，使人昭昭？

习仲勋老先生在革命战争中出生入死，后来又直言敢谏，为人正派，其声望与彭老总同阶，人皆仰之。因为他受过迫害，故而子女大多对国家失去信念，不能安身自保，于是移居海外，这本来未可厚非。可是从一个对国家失望的家族里找出一个国君则似有不妥之处。在这些海外关系的牵连下，如果中国受到西方的侵略，他会是汪精卫还是蒋介石，难说。你办事，我们放心。可是老百姓能放心吗？

8

中国有句俗话，娶媳妇打幡，凑热闹。我也在一片喝彩声中，斗胆地说几句风凉话，凑个热闹。尽管可能招致微词甚至斥责。然而，毕竟只是一己之念，一家之言，难免过激片面，还望海涵。中国自 1949 年起就只有一种颜色，一种观点，以至于造成今日的昏暗和混乱。今后，如果政府真的豁达大度，能容百家，也算是一种进步了。

南辕北辙的民主之路

3-21

被誉为独夫民贼千古罪人的蒋介石先生统治了中国 20 几年后，兵败垓下，退守台湾。虎踞龙盘今胜昔，天翻地覆慨而慷，以毛泽东为首的共产党军队一统大陆，江山易主。胜者王侯败者贼，昔日被围剿窜逃的共匪成了霸主，当年扬眉吐气美式装备的国军沦为蒋匪。又一次重演了中国特色的血雨腥风的改朝换代机制。

蒋介石败了，但是他的儿子却有经天纬地之才，能够高瞻远瞩。在台湾这个弹丸之地，他开启了中华民族自由民主制度的先河，告别了靠打打杀杀政权交替的野蛮时代。让几千万台湾同胞享受到民主制度的优越。他们当家作主，在经济上也繁荣起来。以致令海峡对岸的大陆同胞钦羡不已。在 CCTV 的倡导下，大陆影视界都以耍几句台湾腔为荣耀。蒋介石在军事上败了，他的儿子蒋经国却在政治上赢了。共产党在 GDP 上赢了，可在廉政爱民上又输了。

台湾的多党轮流执政使许多大陆同胞对民主事业产生了信心。本来嘛，都是龙的传人，台湾能够办到的，大陆应当也办得成。反对民主的人士则打出国情论和素质论来对抗民主的推行。他们强调只有马列主义才能救中国，要坚定不移地奉行具有中国特色的社会主义路线。另一条论据就是大陆的百姓素质太低，当官的贪污受贿，经商的弄虚作假，连摔倒在地的老人都想碰瓷，恩将仇报。反咬一口，发一笔横财。面对这样的国民素质来提倡民主，岂非笑话。

然而事实已经证明，这两条论断都不成立。社会主义阵营的分崩离析，苏维埃帝国的解体，朝鲜金氏王朝带来的饥荒，以及中国十年文革的浩劫，都表明马列主义已经成为封建独裁麻痹人民的工具。平心而论，现今中国共产党里还有几个人敢对天发誓，真信马列主义。至于素质论也不成立。事实上中国的老百姓是世界上最容易统治的人群，三年自然灾害饿死上千万人，老百姓里没有几个敢吭声叫苦的；毛主席要办人民公社，他们就交出土地，吃起了食堂；毛主席说人多热气高，他们就加速生产，子孙满堂；毛主席要大炼钢铁，他们就把锅碗瓢勺一古脑儿地扔到了炼钢炉里，成为废渣。这么听话易受摆弄的人民，一旦政府让他们参加选举，步入民主殿堂，他们又什么理由去反对哪？

大陆与台湾的根本区别不在于老百姓的异同，而在于两个不同的政党。曾经治理台湾的是国民党，1949 年后统治大陆的是共产党。国民党的前身兴中会成立于 1894 年，共产党成立于 1921 年。这两个党都是在中国内外交困，走投无路时衍生出的两大组织。在 20 年代初，孙中山先生主张联俄联共，辅助工农。国共两党虽然曾为兄弟，但不同宗。一个是资产阶级的政党，与西方民主国家为伍；一个号称是无产阶级的集团，与列宁的共产国际勾结。由于基本政治观点和治国方略的不同，在孙先生逝世后，这两个党便分道扬镳，兵戎相见。国民政府的腐朽，领导集团的懦弱，以及日寇的八年占领，导致了共产党做大，取而代之。

国民党的精英中有不少人都受过西方民主思想的熏陶，他们主张保护私有财产，鼓励民族工商业，在文化思想领域和民主党派中间，也都留有宽松的余地。作为一个资产阶级的政党，他的终极目标是建立一个自由民主的共和国家。他们信仰的是三民主义，即民族主义、民權主义以及民生主義。其基本宗旨是人民享有自由民主的权利。因而，蒋经国先生在台湾实施民主制度不是偶然的，而是一种必然的归宿，只不过他选择了一个合适的时机，一举成功，流芳百世。

相对而言，共产党内也有不少留学西方的精英，周恩来、邓小平、陈毅、朱德等也都到过法国或德国。但是他们所信赖的是在西方没有市场的共产主义的幽灵。他们鼓吹的是苏维埃式的无产阶级革命。他们的宗旨是借助暴力，斗争地主，消灭私有，平分土地，上山打游击，伺机夺取政权。他们强调的是阶级斗争和无产阶级的一党专政，把人按成分划分为三六九等。剥削阶级被打倒后连子孙后代都不得安生。从一开始，共产党就踏上了一条与民主人权背道而驰的邪恶的路。

大陆在解放以后，为了巩固共产党和毛泽东的极端统治，一个接着一个的运动，一批又一批的抓不完的反革命。无产阶级文化大革命把整个中国带进了中世纪的炼狱，人人胆战心惊，不得自保。知识变成了罪恶，科学家教授被送去劳动改造，学生成了职业革命者，成天斗私批修，尾随着伟大领袖的巨手，天天演绎着荒诞的闹剧。人们能够躲躲闪闪免遭迫害已是万幸，至于自由民主则是连想也不敢想的梦境。

除了政治思想上的独裁垄断，中国人被迫丢掉了以往优秀的民族传统。忠孝节义被打上封建主义的烙印，旧日的戏剧电影被定为资本主义的毒草。亲不亲阶级分，党才是真正的母亲。为了党的事业，可以揭发检举，六亲不认。为了入党做官，可以不择手段，残害他人。相对来说，台湾的民族传统却得以保全，这种传统也是民主制度得以实施的道德基础。改革开放后，贪官横行，民风不古。社会上坑蒙拐骗，尔虞我诈屡见不鲜。这种传统道德的遗失无疑是共产党的一大杰作，它必将成为中国的民主事业的一股强大的阻力。

在改革开放的初期，我曾经设想过，资产阶级的自由经济是一把火，终究会烧掉覆盖中国大陆的那层社会主义的窗纸。三十年后，我发现这种想法过于天真幼稚，因为遮住中国的不是一层纸，而是一整块不朽钢板。时至今日，老百姓还会因为一篇文章被送进大狱，中国的防火墙还在阻止人们和世界网络的接通，微博还要实行实名制接受认证。人大的委员长还在强调六个不搞，严防西方自由民主思想的侵袭，总书记念念不忘的还是党指挥枪。几年一度的代表大会还在掩人耳目，招摇过市。改革开放三十年，GDP 成了老二，可是自由民主的空间却越来越小，自由民主的道路却越来越渺茫。看来市场经济之火难以烧掉无产阶级专政的躯壳。中国需要的是几把能量高度集中的电焊枪，造成两三千度的高温，才能把这块不锈钢板熔一个大洞，让老百姓看到晴朗的民主的天空。

在中国历史上，曾有过多次变法的主张，由于皇帝和文武百官不愿意失去骄奢淫欲的生活，变法均遭失败。主张变法的也大多不得善终。实施民主制度要根除的是维持了几千年代封建统治，它要砸烂的是一个不合理的旧世界，它的深度和广度都远非历次的变法所能匹比，因而，它要遇到的阻力自然也会超出历史上任何一次变法运动。一旦中国实施了民主，那些数以千万计的官僚政客就会失去赖以生存作威作福的土壤，他们的子女就会失去靠特权因袭的尊贵，他们就会丢掉到人大会堂参加两会的露脸殊荣，那些贪官污吏就会在法律面前受到应有的制裁。因此，他们不惜动用军队，武警甚至黑社会来打压民主运动，千方百计地守住这个少数人世世代代养尊处优的天堂。在如此强大的阻力面前，奢谈民主，的确为时尚早。唱红歌易，搞民主难。

薄熙来同志的免职引发了海内外多数华人的欢呼雀跃，但是他的倒台不是人民的胜利。在一个多月的暗箱处理中，见不到一丝一毫民主的影子，人民不过是一台劣质电视的雪花信号前的好奇的观众。和高饶集团、林副主席、四人帮，以及京沪的二陈一样，薄的失势不过是党内激烈斗争的结果，与老百姓的好恶无关。只要这个制度继续下去，薄东来，厚北来还会相继出现。结束这种领导权争斗的唯一途径，就是全面实现民主制度。

共产党的伟大英明之处在于，他们能把中国和中国人民在反民主的路上越拉越远，中国政界的编导们正在上演一出现代版的南辕北辙。当然，中国最终还会实现民主，但是必须走过一条比台湾更加漫长，更加艰苦的道路。

有雷无雨的过场-反贪

11-22

在党的 18 大上，老、新总书记先后发出了感人肺腑的警世恒言，"贪腐不除，亡党亡国。"毕竟是党的大当家的，始终把党的利益放在首位。因为惧怕贪污腐化最后会端了共产党的老窝，所以才要打几个响雷，以示神威。遗憾的是，雷后无雨。贪官们照样敛财，地方上照样圈地，将军们照样搂小蜜。债多了不愁，虱子多了不痒，贪官多了不烦。

贪腐之所以严重，因为官场上隐性贪腐太多。人们只注意成克杰，陈良宇，郑筱萸，王守业，这些已经被揪出来并绳之以法的罪犯，对光天化日下的贪腐现象却孰视无睹。这些现象也正是贪官滋生的原因。

毛泽东的嫡孙毛新宇同志猪头驴脑，不谙军事，又无丽媛金嗓，却当了少将，享受高干待遇，这算不算贪？胡锦涛的公子以中国第一儿的身份在清华公司任职，以乃父名声在商场钓钱，这算不算贪？习近平的兄弟姐妹依仗红色人脉在商界大发其财，后移民海外，这算不算贪？江绵恒有何德能居然黄、白两道全吃，颐指气使，权利双收，这算不算贪？邓小平的女儿靠老爹的地位，把画卖到天价，这算不算贪？李鹏的儿女们在官场、商场招摇撞骗，得意忘形，逍遥法外，这算不算贪？党和国家领导人靠关系和影响把子女送往哈佛镀金，这算不算贪？领导干部的福利待遇以及三公消费，这算不算贪？如果说陈希同、陈良宇和薄熙来的贪污是暗偷，那么上述的这些隐患则是明抢。只抓暗偷，不罚明抢，就不是彻底的反贪。既抓暗偷，又罚明抢，就会大家一块儿都玩蛋。有几个新老政治局的成员具备敬爱的林副主席"玩蛋就完蛋"的大无畏气魄？反贪不过是句空话，仅此而已。

古语说，上梁不正下梁歪，以其昏昏，使人昭昭。政治局里有几个人敢拍着胸脯说："我全家两袖清风，一尘不染。"儒道讲究齐家治国，让一个连自家人的屁股都不能擦干净的领导人，去揩他人的屁眼，如何服众。追本溯源，贪腐的源头还在邓、陈、江。邓小平让一部份人先富了起来，他的子女身先士卒，有的当了高官，有的当了总裁，有的靠卖画骗钱。陈云让红二代当官掌权，因为这些人不会挖他们的祖坟。一时间，黑压压一片，当官的孩子都有了头衔，形成接班之势，在中国有权就会有钱。江泽民一人得道鸡犬升天，儿子官商两栖，妹子进了政协，就连死去的养父都得卒谥中华百人英灵。老先生在64后捡了大便宜，却还欲海难平，到处安插亲信，权倾朝纲。官去人不走，用一双黑手遮住半个中国天，只为了保护他的不法子孙与亲眷。至今，邓、江还在党章里享受着神社般的殊荣，他们的余威还在威慑政坛。反贪不过是句空话，仅此而已。

康熙大帝清除了权奸鳌拜，这不算难。当今，共产党面临的是要除掉几十个多鳌拜，几百个鳌拜的家眷和子孙。君不见这些鳌拜们在18大上指鹿为马，阴魂不散。不要忘记，台上政治局委员们都是这些鳌拜的门生亲信，随便动上哪一个大佬都会有人反对。共产政权的几代人的势力和血肉已经有机地融成了一株立地太岁，随便摘除哪一块机体也会鲜血淋淋，疼痛难忍。反贪不过是句空话，仅此而已。

贪官是党的股肱，贪官是党的依靠，贪官是党的鹰犬。除掉一个贪官时，下决心容易，杀一还可儆百。然而，当你面临从上到下密麻麻漫山遍野的贪官的时候，你还能动手吗？把他们都杀了，政权架空，党运到头。乾隆大帝曾当着文武百官的面烧掉了御史整理的黑材料，因为他离不开他们。俗话说法不责众，在无官不贪的党政机关里，反贪不过是句空话，仅此而已。

消灭蚊子的最好的方法不是一个一个地去抓，而是要翻盆倒灌，除去积水，这盆盆罐罐的积水就是党的事业，就是国家制度。贪官的滋生就是因为中国有这样的制度，为贪官提供了生存繁殖的土壤和养分。反贪最终要涉及制度，而总书记又发誓不走邪路，决不易帜，自然贪官还会继续存在。反贪是一两双刃剑，最后为了不伤及党，只好刀下留人。反贪不过是句空话，仅此而已。

身正不怕影子斜。如今，在 10 官 9 贪的官场，在人民没有发言权的舆论界，在没有一个独立的执法系统的情况下，反贪不过是让贪官去查贪官，贪官有福了；反贪不过是让流氓去抓流氓，流氓乐了。反贪不过是句空话，仅此而已。

值得庆幸的是中国人多地大，百姓宽容忍让，贪官还有很大的发展空间。贪官的数量可以翻一番，翻两番，绝对不会激发百姓造反。这才是贪官爱听的福音。

总书记发狠话容易，但做狠事难。展望未来，中国贪官的队伍将会日益壮大，贪官的财富将会日益增多，贪官的行业炙手可热。他们是封建制度的骄子，他们执政党的中坚。习近平新一轮的反贪运动最终不过是一曲广东音乐，旱天雷；抑或是剧院摘牌子，没戏；或者是舞台上转三圈，走过场；要么就是多次怀孕没孩子，习惯流产。

别拿亡党说事

11-2

前中共总书记胡锦涛同志在 18 大的开幕式上以振聋发聩的方式严肃地提出："反对腐败、建设廉洁政治，是党一贯坚持的鲜明政治立场，是人民关注的重大政治问题。这个问题解决不好，就会对党造成致命伤害，甚至亡党亡国。"

新任总书记习近平同志亦步亦趋，下了"腐败问题越演越烈，最终必然会亡党亡国"耸人听闻的结论。然而这两位当代中国最伟大的哲人和领袖的立论却充满了逻辑上的矛盾。

第一，官员贪污腐化，监守自盗是犯罪行为。他们以权谋私，把人民的财产私下交给当权者本人或当权者的家属、子孙。他们是一群粮仓里的硕鼠，他们是国家的蛀虫。对这样的败类，应当是出一个，打一个，绳之以法，决不宽容。反贪与亡党亡国没有因果关系。反过来，如果党不会亡，难道你就可以任凭贪官泛滥吗？贪官侵犯的是人民的利益。总书记在这里绝口不提受害者人民，却担心亡党，可见他们心里只有一党之私，一人之位。人民不过是被巧取豪夺的牺牲品。

第二，党和国是两回事，党是一群人依靠军队和警察组成的一个机构，用来驾驭人民。如果亡党一定会导致亡国，那只有一种解释。即共产党在临死的时候，玩儿回撕票，把整个国家一并炸毁。这是类似当代恐怖主义的行为。他们身上绑着炸弹，向无辜的人群扑去。难道"伟大光荣正确"的中国共产党也要如此下做？

秦亡有汉，汉亡有魏晋，晋亡有唐，……，明亡有清。每到一个朝代之末，统治者如日薄西山，气息奄奄。在他们还来不及实现"机毁人亡"的恐怖事件时，就成了阶下之囚或刀下之鬼。党朝自然也不会例外。

第三，中国地广人多，百姓宽忍，耐贪能力在世界上少有。贪官从每人身上搜刮一块钱，他就有了 13 个亿。对大多数家庭，这每年一元的损失几乎察觉不到。就像买了一斤鸡蛋，坏掉了一个，损失太小。如果要每人每年拿出 1000 元才会引起注意的话，那中国的耐贪量就是 1 万 3 千亿。如果每个贪官平均贪掉 1 个亿，那中国就可能轻易地豢养 1 万 3 千个贪官。如果每个贪官平均贪掉 1 千万，那中国就可能轻易地豢养 13 万个贪官。何况大多脏款直接来自国库，不为百姓所有，他们几乎毫无察觉。

第四，历史上上的朝代多次更替，但贪污腐败还从未成为直接的原因。秦亡于苛法徭役，干戈四起；两汉亡于权臣篡位，农民起义；西晋与唐亡于少民族南侵；宋亡于元金；明亡于宦党和旱灾；清亡于列强和革命。用贪污腐化亡党亡国的警语来吓人缺乏历史依据。反贪是就反贪，那是你该做的事情，不必非得扯上亡国。

换句话说，如果贪官们的举动真能导致共产党的灭亡，他们倒成了新中国的功臣。中国人破费几万个亿都值。建议政府效仿日本的靖国神社，为大大小小的贪官都立个牌坊。因为他们最终在客观上为人民做了件好事。

马克思同志说过，无产阶级是无所畏惧的，因为他们失去的将是脖子上的铁链。同样，中国人民也是无所畏惧的，他们失去将是独裁者套上的枷锁。从党在 18 大前后的地下活动，从政治局对北京雨灾的暧昧态度，不难看出，党已经脱离了人民。党成了游离于国民之外的一个独立的霸道的政体。党亡国未必去，党不亡则国将衰。只有胡锦涛和习近平们才怕党亡，因为他们会失去手中的权力，失去特权阶层的各种利益。人民不怕，因为他们得到的将是自由与民主。

近代史的教训

11-12

19 世纪初，英国需要大量丝绸、瓷器、和茶叶等，于是中英间的贸易逆差使得英国的绅士不得不采用卑劣手段，向

17

中国输入鸦片。一方面毒害和麻痹人民，一方面又攫取大量的白银。面对鸦片毒品给中国朝野带来的严重伤害，清政府为存亡计，不得不决定严禁鸦片。1838年，当值皇帝责令林则徐为钦差大臣，派往广东禁烟。

林则徐浩气凛然，不负众望，于1939年将英国人的鸦片货库存全部销毁。靠海盗发家的英国人把禁烟行动看成侵犯人权，恼羞成怒，促成鸦片战争的爆发。经过两年的战争，尽管军民同仇敌忾，抗击洋人。但是统治者耽心失去手中的权力，在监船利炮的威逼下，采取了投降妥协的路线，与英国人签署了第一个丧权辱国的条约，南京条约。从此，帝国主义者用鸦片敲开了入侵中国的大门。

10几年后，从1856到1860年，于南京条约期满之际，英、法等西方国家要求满清政府出让更多的利益，又一次发动了侵略中国的战争。史称第二次鸦片战争。第二次鸦片战争以火烧圆明园，签署天津条约和北京条约，割让九龙，开放商埠而告终。同时，把乌苏里江以东四十万平方公里的土地让与俄国。从此，闭关锁国因循守旧的中国开始嬗变为一个半封建、半殖民地的国家。

经历了鸦片战争，饱受了被洋人欺凌的苦痛，洋务派在清政府中展露头角，开始了以夷制夷的洋务运动。主张以官办为主，官商联合的方式发展新型工业，增强国力，以求自保。其间政府派遣留学生、购置洋枪洋炮，操练新军、学习西方的科学技术、开办厂矿等

洋务运动主张以西方所长，弥补自身之短，为发展中国的工业技术起了从无到有的开端性的作用。其间，通过国家资本主义发展军事工业，以及民用企业，为后来民族工业和资本主义工商业奠定了一定的基础。同时开启了以西学为主的新式学校，在一个腐朽封闭的系统看到了一线光彩耀目的西方文明。

然而，延续了几十年代洋务运动在 1894 年的甲午海战中，随着北洋水师的全军覆没和马关条约，不得不以失败告终。失败的原因有很多，但最主要的就是这次运动是一次不彻底的运动。因为洋务运动早期的口号是，中学为体，西学为用。败就败在"中学为体"上。腐朽落后的封建制度不能适合工业革命开创的全新的生产力。一个因循旧制的古国，从皇室到官宦，吃喝玩乐，奢靡享受，贪污腐化，盘剥百姓。甲午海战的失败不在于军舰和大炮，而是因为这个几千年来都打不破的封建制度。

在近代史上，大凡一个成功的国家，其工业化的完成都需建立在一个良好的国体和先进的主导思想下。这就是洋务运动失败的死结。比洋务运动稍晚几年，在中国眼中不过是弹丸之地，愚顽不化的东邻日本却捷足先登，以开拓万里波涛，宣布国威于四方为目标，开始了明治维新。它与洋务运动的区别就在于不但要以工业强国，而且还摒弃了封建腐朽的德川幕府。这是一场由上而下的彻底的变革，从那时起，日本改用君主立宪，完成了近代化关键的一步。20 几年以后，伐薪初试，一个贫穷积弱的不起眼的岛国，居然制伏了一衣带水的庞然大物。从东方敲开了侵略中国的大门，以至于让中国饱受日本之害长达半个世纪。血的教训，没齿难忘。

伟大的中华民族的基因里似乎有种神秘的染色体，统治者们总喜欢翻来覆去地去重复同一件事情。自公元前 21 世纪建立夏朝开始，华夏大地就开始了一个有道讨伐无道的恶性循环。到了一个朝代的末期，统治者骄奢淫逸，老百姓困不聊生。于是，代表新势力的有识之士，组成武装力量，枪杆子里边出政权，打打杀杀。用斧头劈开旧世界，用镰刀砍出新乾坤。过了几百年，这新建的乾坤又退化为旧的世界。于是，老百姓又像烙饼一样被翻过一面，开始受二茬苦，三茬罪。一代天骄们成功了，马上想到的就是当皇帝，做主席，唯我独尊。企图让他这拨人马大权在握，江山永固。

而那些被誉为子民的老百姓只是一群听从吆喝的牛羊，任人牧放。当世界上的民主制度被证明相对优越的时候，当世界上的民主风暴风起云涌的时候，我们古老的中国还在气呼呼地保持着沉默。人们最大的愿望就是出一个大救星，一个好皇帝。为了实现这个美梦，他们可以苦等几代人，可以忍受几百年。统治者可以屠杀几十万反革命，可以批斗上百万右派，但他们宁愿一声不吭地去任人宰割，也不愿意起来反抗。因为在中国的文化里，反抗就是犯上作乱，反抗就是大逆不道。邓小平后盼江泽民，江泽民后盼胡锦涛，在失望了几十年后，如今又把喜悦的目光投到了习近平的身上。黄袍刚刚加身，颂歌已经开始。一方水土养一方人，一方人又敬一方神。集权的统治者和富于忍耐的顺民，这就是几千年华夏大地因循守旧不可自拔的历史原因，这也是为什么统治者即使荒淫无道贪得无厌，他们的政权还会继续运作的原因。

　　也许是历史的偶然，也许是社会的规律。100年后，中国又兴起了一场洋务运动。而且，很可能，中国还会面临一场新的鸦片战争。

　　当然历史的重复也不会电脑的100%的拷贝，但是大体上还是体现了一个旧字。自1895年洋务运动失败以来，自史无前例的文革灾难以后，执政党开始谋求新的出路，企图摆脱思想僵化的马列哲学。到了20世纪的80年代，改革开放的总设计师邓副主席用摸着石头过河的实用主义开辟了一条新路。然而，经过30多年的实践，回过头来一看，这条新路不过是洋务运动的翻版。以前是"中学为体"，现在是"四个坚持"，"五个不搞"。即在一成不变的政治体制之下，开始国家资本主义的建设。在18大的报告上，胡锦涛前总书记僵硬地把西方民主制度说成邪路，这是极不明智以正统自居的宣言。你有权拒绝这种制度，但没必要随意仇视和诅咒人家。毕竟人家沿着这条路走过了几百年，毕竟人家比你有许多的优越之处。毕竟你们的子孙都争着到人家去镀金，甚至居留。

由于二战以后西方国家的经济复苏，由于苏俄的瓦解和冷战的结束，由于电子化引起的全球的一体化经济，在这个大环境里，第二次洋务运动产生了奇迹。30年来，中国的国民经以高于8%的增长率傲视群芳，一个新奇的东方巨人傲立于东亚的板块上。港澳的回归、奥运的火炬、世博的承办、连绵的公路、飞快的动铁、高耸的建筑、豪华的汽车和贵族的提包，改革开放带来了中国前所未有的辉煌，让黄毛绿眼的洋大人们自惭形秽，刮目相望。

然而，在灯火辉煌的背后，也流露了不可忽视的隐忧。由于人民无权选举，无权监督，贪官污吏如雨后春笋，遍地发芽，长势如韭，割而复发。贪污款项从几百万到几千万，甚至上亿。贪污已经集体化，公开化。公务员们借三公消费为名，大力吞噬国家的财富。为了铺垫退路，还把子女和家属连同资金送往国外，几乎到了无官不贪的地步。

地方上与民争利，圈地收钱，坐地分赃。为了钱财，不惜破坏环境，污染江河。军队内部买官卖官，贪而无厌。政府逐渐把自己和人民对立起来，党代会的筹备竟然像地下党一样神秘隐蔽，躲躲闪闪。执政党已经脱离了人民。人民被高房价，高医疗，高物价和伪劣食品压的喘不过气。大学商业化，但付出了高昂的学费，毕业后却没有工作。士兵携带武器出逃，为报自家的拆迁之仇。百姓开始与政府离心离德，军民士气已经降到清末的水平。这些潜在的矛盾早晚会如火山爆发，胡锦涛先生在维稳的同时却制造了诸多不稳的因素。

除了国内因为专制制度造成的基本矛盾，在国际上与西方国家之间也潜伏着危机。中国在21世纪的崛起适逢西方的经济萧条，冰火两重天。目前，中国握有大量的外汇储备，相当于康乾盛世堆砌的金山，西方求助若渴地想从中国接一根稻草，从而渡过难关。这种暂时倚赖的背后却也埋下相互争斗的隐患。中美之间在货币兑换，在贸易赤字，在第三世界的开发，在东南亚地区的利益，都是相互博弈的焦点。中国上层一边把子孙送往美国，一边把西方方看作敌对势力。一旦这些矛盾激化，战争不可避免。当然，历史不会简单地重复，美国不会把鸦片海洛因直接运往中国，这样在道义上要受谴责；美国也不会派海军陆战队登陆，这样代价太高。这场战争可能是无形的，微软的，或许就是借助网络媒体搞的和平演变。未雨绸缪，纽约时报对温家宝家族财富的报道也许就是第三次鸦片战争的开始。一旦西方喘过气来，很可能他们就会摇身一变，自命为资产阶级国际主义的城管，用类似无产阶级强迫拆迁的办法，拿掉世界上少有的几个与民为敌封建专制的钉子户。

21 世纪对世界上的某些地区将是动荡不安的世纪，古老守旧的中国将面临着新的挑战。如果选对了方向，中国就可以以全新的面貌屹立于世界的民族之林。如果在一条邪路上继续死心塌地地走到黑，中国的前途将是阴霾暗淡，中国的人民将会重归于水深火热。一个在经济上硕果累累、在政治上裹足不前的中国正处于一个三岔路口上。中国的精英们是为了一己一党之私，重蹈洋务运动的覆辙，还是为了广大人民的利益，改弦更张，跨进一条民主制度的新路，举世将拭目以待。

反贪的标志与措施

12-2

俗话说，新官上任三把火。18 大后，一改胡温万马齐喑，无为而治的平庸局面，新的政治局常委们多次衣衫楚楚，公开露面，与民同庆。甚至曾经被李大总管遗弃的爱滋病人也吸引了官员和第一夫人的眼球。总书记反复强调，腐败问题越演越烈，最终会亡党亡国。学者气息的李总理则大谈改革就是最大的红利，尽管逻辑上欠通。因为改革是过程，红利是结果。正如不能把革命说成是成功，辛亥革命就失败了。

新任纪委书记王岐山同志也不负众望，敏而好学，不耻下问，向反腐问题专家们请教国策。甚至制止发言的专家媚称"尊敬的王书记"。2013 年尚未到来，但幸福的中国人民已经体会到春天的气息与温暖，没有民主选举的国家也会有一群迎合民意，为民办事的好领导，这也许又是中国的特色。不管以后的发展如何，18 大 带来的新气象毕竟可圈可点，可喜可贺。

1989 年的 64 事件是以反贪开始的，那时候伴随着改革开放的启动，贪污腐化初具规模。如果政府配合学生的要求，严惩贪官污吏，注重改革，国家还是有希望的。但是，天真烂漫的青年学生遭遇了机枪坦克的镇压，为了自由民主的中国流出了第一滴血。自此，在几大家族的率领下，贪官们有恃无恐，愈演愈烈，在 20 年的时间里，达到 10 官 9 贪的龌龊局面。以至于总书记们开始担心亡党。为了让共产党继续万岁，不得已才又重新提出反贪。但是，因为贪官们自上而下，盘根错节，利害与共，反贪很难成功。最终也不过是再抓几个成克杰、陈良宇，除掉几个政敌，平息一下民怨。反贪的最好时机已经错过，现在面临的是投鼠忌器，积重难返。

真假反贪的试金石是要打老虎，还是要抓耗子。擒贼先擒王，斩草需除根。中国的贪腐官场的源头在于邓、江、李、王、曾等几大家族。邓小平的儿女有的做官，有的经商，口碑甚差。近日里，官媒在登载邓楠的照片时，都不敢标出她的名字。江泽民集政治贪污与经济腐化为一身，他的儿子、妹子都有官衔，还要官商两栖，大口大口地吞噬人民的血汗。李鹏身居高位 20 年，除了三峡和 64，没干过几件出色的事情。他的儿子却是个商顶的红官，女儿把控电力，

23

小儿避祸他乡。至于王震、曾庆红等家族的罪行，更是有目共睹，罄竹难书。习近平如果在前五年不能搬到这些贪污大户，即使他抓了1万只耗子，他的反腐决心也不过是句空话。

纪委书记在征求反腐的建议时，居然没人提出一个重要的举措，那就是取缔中纪委，实行民众监督。多年来，中纪委的作用有几点，一是按总书记的意图，借反腐拿掉政敌，比如陈希同，陈良宇，薄熙来；第二，当一个贪官不小心露了马脚，成为众矢之的的时候，大义凛然地把他它拿下，以泄民愤。第三，对于那些办了坏事但政治上还可靠的官员则实行保护，等待时机，再次出山。中纪委成了贪官的避难所，缓冲带。话说回来，如果中纪委真的那么管事，还会有这么多的贪官吗。王岐山先生，如果你真要反贪，不如辞职，去掉这个编制，走到人民群众当中，去听取他们的呼声。

中纪委是中国封建制度的延续，刑不上大夫，礼不下庶人。衙门口是为老百姓开的，当官的犯法，不受法院的直接管束。如今已是21世纪，我们古老的中国还保留着封建的礼法。老百姓窃钩者诛，当权者窃国者侯。王子犯法不能与民同罪，甚至还可以带着警卫员、御林军去为犯罪人护驾。老百姓集资会判死刑，达官显贵们集资无人问津，犯了事的还可以远逃国外。中国有两条法尺，一个是对百姓的，严酷阴狠；一个是对大官的，官官相护。一个法律欠缺，有法不行的国家，自然为贪官们提供了一个自由发展的会所，有官不贪的才是王八蛋。这个国家把好与坏，优与劣，美与丑整个儿颠倒过来。魑魅魍魉横行霸道，正人君子寸步难行。只提反贪，不去改制，怕是难煞贪腐之风。

总书记改用刀叉勺了

12-10

俗称新官上任三把火。习近平总书记上任伊始，就透出了快刀斩乱麻的果断气势，万象更新，咄咄逼人。一下子查处了 10 几名贪官，释放了几万名上访犯，又重新唱起了三大纪律，八项注意，约法三章，努力营造一个新的官场。当然不拿群众一针一线容易，不贪上亿的公款难。在 2013 年的春天尚未来到时，习总提前给人们带来了希望和温暖。毫无疑问，这是值得肯定的。比起那个敲了 10 年木鱼，念了 10 年维稳真经的胡大总管毕竟是一种进步。他给阴霾雾罩的昏暗大地带来了勃勃的生机，又岂止是一个好字了得。

其实论能力才干，胡未必弱于习。然而在古老的中国，门风血统还在发挥着极大的优势。用文革初对联的分法，习近平当属老子英雄儿好汉的类型，身旁又有一群红二代的文武哥们保驾护航，无论如何都透着硬气。出身平民的正人君子胡总书记却属于老子反动儿混蛋的范围，即使他入了党，掌了权，至多也不过是个好混蛋。再加上江主席的一口尚方宝剑，他被蚕茧一样的东西裹个贼严。人家巴不得他做件事，犯回错，然后顺势拿下。胡的 10 年如坐针毡，只能学着 UNIX 操作系统，没消息就是好消息，没事就是好事。如今他来个全身而退，明哲保身，的确也不容易。可留给 13 亿人民和习大书记的却是一个贪官遍野，问题重重的烂摊子。严格追究起来，胡至少有失职失察之罪。然而习近平是个欣赏西方风格的聪明人，他会像欧巴马那样往前走，不会纠缠小布什的罪过。胡学长也大可安心养老，颐享天年。

习总书记年富力强，踌躇满志，用一系列行动昭示天下，中国有了新的开始。常委们上街，不再清道封路，告别官僚主义；从汽车里向百姓亲切招手；鼓励记者靠近采访；全程不做报道，凸现低调。他的公私兼顾的行程与铁面严峻不去面母的胡总相比，透出西方竞选中离不开的亲情味，一家三口看望了 86 岁的老母。这不光是在强调中国的孝道，而且显露出类似资本主义国家的开明与人性。他向世界宣布，共产党也注重亲情，不光有阶级斗争。第一夫人也一反常态，不像王冶坪女士总是歪着脑袋，毫无表情。彭将军换下戎装高姿态出镜，倡导对爱滋病人的关注。我们仿佛在北京看到了米酿奥-欧巴马的倩影。然而习近平开创的新风让我不禁想到有关非洲土著民族的一个故事，忽然感悟到，共产党开始用刀叉勺了。

其实亲民路线并非是西方的专利，无产阶级专政的元始天尊佛拉蒂米尔-列宁同志就是在工厂演说时遇刺的。50年代，共和国的总理周恩来和元帅陈毅曾经微服到台基厂的饭馆用餐。文革时，毛泽东曾会见百万红卫兵，王光美曾为学生打菜，薄一波曾到清华责骂蒯大富，邓小平曾到工厂劳动，旗手江青同志在垮台的前几天还到昌平的200号讲话，鼓舞左派的士气。除了不曾寻花问柳，习近平同志的南巡与乾隆爷三下江南别无二致，谈不上创举。在这以前，只不过封建的官僚制度把大官们宠爱成特权阶层。以至于在江老太爷乘坐龙椅冬游泰山的时候，张高丽巡抚率领文武百官，面红耳赤，勤王护驾。亲自举着黄罗伞，让共产党的总书记也聊逞一下封建皇帝的威风。

之所以有这种感觉，是因为习总的这些做法只是形式上的改变，还看不到本质上的更新。用通俗的话说，他们虽然改用了刀叉勺，但饭桌上摆着的还是满汉全席。在这种意义上，用刀叉还是筷子都没啥差别。也许用筷子吃，领导人更加熟练，胃口还会好些，吃着舒服，毕竟好东西不进外人嘴。

首先与刀叉勺的国家相比，习总的班底不是民选的，而是国佬们封的。如果他们挑了个坏家伙，像独霸朝纲的江泽民或无为不治的胡锦涛，老百姓只好自认晦气；要是他们挑了个像习总这样精明干练，励精图治的，老百姓就交了好运；要是习总后边出了个薄熙来，厚东去，老百姓也只好再忍耐10年，暂时咽下这口恶气。不解决制度问题，出一个贞观或康熙不无可能，但出10个坏皇帝的几率在90%。因为他们不是人民认定的，他们并不代表人民，人民也无力拿他们怎样。

胡总登基时曾到西柏坡去朝圣，他传递的信息是要维持继承党的正统，为他的 10 年写了个序；他蝉让的时候又到了遵义，要告诉人们他从一而终无怨无悔，为他的 10 年又写了个跋。当然他的一身正统，也决定了他的一味平庸。

习近平与胡不同，他是个手持红缨枪、挂着红兜兜，流着革命血的红孩儿，根正苗红，当仁不让，天生就是党的接班人，他不需要遮遮掩掩，故弄玄虚。他的 10 年的序言要从改革开放开始，他要信奉的是鲲鹏展翅闹翻了半个中国的邓小平同志。一下子比胡总的步子超越了几十年。12 月 8号，习总来到深圳，向邓小平的塑像敬献了花篮。从而敲起了习近平治国大戏的开场锣鼓，演奏了一曲牌子谱小开门。他要坚持改革开放，杀出一条血路。深圳是改革开放的先锋，习总要做改革开放的猛将。

从习总的起跑线的精心策划不难看出，他的 10 年要改用刀叉勺来食用满汉全席。邓小平的理念是中学为体，西学为用。习总于是又往前推进了一步，满汉为席，刀叉为具。他要利用 10 年的时间，修补邓小平奠定的体制，激浊扬清，弃恶求善。在坚持四项基本原则的基础上，继续在经济上改革开放，凭借他的黄土地情结，从让一部分人先富起来，逐渐过渡到让所有的人都富起来。在 18 大的讲话里，他已经像美国总统就职演说那样，为人民绘制了一幅鼓舞人心的蓝图。不容置疑，他的新开拓无论是从捍卫党的领导，还是对国计民生，出发点都是好的。即使是改良，只要对人民有好处，就值得称赞肯定。习总执政方针的起点也告诉了人民，他的改革将是有局限的，自然改革的结果也难令人乐观。

改革开放的总设计师从 10 年的文革中悟出了沉痛的教训，一定要告别运动，告别阶级斗争，全力发展经济。当然因为他是老一辈的无产阶级革命家，不能让战友们用鲜血换来的江山毁于一旦，所以他保留了无产阶级专政的实心的内涵。于是中国的资本主义带有着强烈的国家色彩，因为它背离了以往的集体所有的社会主义，所以改称为中国特色的社会主义，当然，这不能算修正主义。这个特色就是资本主义的经营方式和社会主义的国家职能。邓小平是位鄙视理论的社会实验家，他的唯一的一条理论就是何祚麻老师用肉眼孤够出来的"科学技术是生产力"。摸着石头过河就是告诉人民，我这里遵循了量子力学的不确定原理。我要的动量值会很精确，但我的空间分布会模糊不清。结果是动量（经济）精确地提高了，坐标（社会道德）却偏差大乱套了。

邓小平的英明决定充分利用了国有资源，调动了潜在的农村劳力，吸引了大量的国外资金，开辟了国外的市场，于是一座由社会-资本主义的混血儿铸成的金山拔地而起，GDP数 10 年来以两位数的变化率持续增加。中国的迅速崛起令困窘多年的日本和经济衰退的西方大跌眼镜，刮目相视。在美国的路边，他们要是知道你是中国来的，就会伸出拇指称赞"经济巨人"。让这些游荡于美利坚的东方幽灵们也品尝到富有的喜悦和骄傲。尽管我的房贷还未还清，尽管我身上穿的还是 20 年前买的外套，尽管我开着的还是不带空调的二手破车。

在改革开放的初期，青年学生的眼光是敏锐的，他们超前地预见到贪污腐败的危害，于是他们聚集到天安门广场，企图与国家领导对话。时任总理的李鹏轻蔑狂傲，毫无诚意，一口回绝了学生的合理要求，并且在 6 月 4 日，动用了机枪坦克，为 5000 年的苦难中国书写了一道血染的历史，学生们惨死在天安门广场。从此，改革开放被蒙上了一层永远洗刷不净的遮羞布。从此，中央领导人的子女亲属顺理成章地成了先富起来的那一部分人。国家资本的特色使得家与国混为一体，钱和权混为一体，力和利混为一体，政与商混为一体。大官们和他们的家族依仗手中的权力鲸吞了属于人民的利益。明偷暗抢，贪官遍地。圈地拆房，与民争利。老百姓有冤无处投，有苦无处诉，被官吏伤害的访民成了任人追捕的罪犯。

上梁不正下梁歪，在贪官横行无阻的国度里，社会道德自然会如江河日下，吃喝嫖赌抽，坑蒙拐骗偷。假烟假酒假药屠戮着无辜的生命，三聚氰胺的奶粉损害着幼儿的健康，路上救人的雷锋成了要交罚款的被告，治病救人的外科专家雇人行凶，撞伤人后再补一刀，打了人后自称爹是李刚。唱歌将军带着警卫员来看受害者，大内总管调用御林掩盖车祸。中国有钱了，中国开上法拉利了，中国背上挨骂式了，中国住进豪宅了，但是中国的道德败坏了，中国的社会堕落了。以至于那些靠权或骗发家的亿万富翁们开始厌倦了这个国家，把苦心敛聚的财产和家人转移到海外，去呼吸那里的新鲜空气，去饮用那里的没有污染的水源。把一个被折腾得难以维持生命的环境留给了 13 亿留守的人民。

习近平总书记的首要任务就是反贪廉政，恢复党在老百姓中的地位，使社会道德回归到只要社会主义草不要资本主义苗的水平。然而，现代的技术的特点是炸毁一座建筑容易，定点爆破只需几十秒的时间；但是要盖起一座大楼还得靠人和机器一层一层的堆砌，恐怕需要几个月，甚至几个年。面对江泽民和胡锦涛在 20 年的时间里破坏掉的社会结构，要习近平在 10 年内摆平，谈何容易。

首先官场已经全部腐烂，后边排着队的公务员们也正在张开贪婪的大口，准备好装钱的口袋。世上最难对付的就是个人利益。贪污受贿已经成为官员们的利益来源，他们会不惜一切保卫自己的特权，抵制改革的路线。何况，习的上边有邓、江、李、曾、王等几大家族的嵌制。他不可能在给邓爷献花之后，就拿下他的子孙，开刀问斩。如果这几大家族不被弹劾，习总就是抓了 10 万个芝麻官，反贪也是过场。比较现实的前景是，拿下几个根基不深的大官以正视听，平息民愤。对几大家族和多数的贪官的材料，用鼠标轻按一下删除键。到此为止，下不为例。然而，已经扩散的癌细胞的中心还在，产生贪官的封建制度尚存。局部化疗之后，国家这个病体还会受到癌扩散的伤害。这是四个坚持，五个不搞和不走邪路的致命症结。

衡量习近平同志改革酸碱度的石蕊试纸来自几个方面，他会否为 64 翻案，他会否释放刘晓波等政治犯，他会否拿下邓江李曾等几大家族，他是否会解除防火墙，实现网络和新闻的自由。我的意见是，不要希望过大，希望越大，失望越多。让一位革命接班人的红后生去废除祖制，否定父辈的成果，去拿下把他托成太阳的革命世家们，去建造一个自由民主的中国，真的有点过于难为他了。说实话，人民需要的这样的一位伟大的开天辟地式的哲人大概还未出生。如果万民能够分尝到 10%的改良带来的好处已经是得天独厚了。人们把国家的未来寄托在一位总书记的身上，恰恰反映了这个社会的脆弱，也反映了这个民族的落后。

打江山坐江山是贪污腐败的根源

12-4

在几年前的一个春节晚会上，当今的"国母"彭丽媛将军放开歌喉，唱了一支《打江山坐江山》的红色歌曲。听罢，我情不自禁地看了看表，这都什么时候了。

将军唱的没错，而且从理论到实践都是那么出奇地一致。这理论就是胜者王侯败者贼。从实践的角度，将军的老公公打了江山，将军的老公又坐了江山。这首歌应当算是国母的专利，连另一位金嗓将军宋祖英都没有这样的资格。

打江山坐江山在中国就是一条亘古不变的真理，打江山坐江山在老百姓心目中也是理所当然。人家拼了几十年，流血牺牲，好不容易扫荡狼烟，回归一统。江山不让他坐，于情于理说不过去。于是，自秦、汉始，经唐宋元明清、共产，这条老理一直印记在统治者和被统治者的心间。统治者的一个字是"牛"，被统治者的一个字是"服"。

但中国人笃信的老理也有不少缺点。做皇帝的依仗的改天换地的卓越成就，高高在上，颐指气使。当功臣的则以功自傲，骄奢淫逸。统治集团常常忘记了战乱给人民带来的苦难，形成一个特权阶层，开始尽兴地享受。老一代过去之后，按血统又把权力移交给他们的子孙。让这些可靠的人继承衣钵，以期江山永固。

这样的政权存在几个弱点。第一，打江山的人出生入死，功勋卓著。好不容易活了下来，他们自然会要权，要钱，要待遇。而且要让他们的子孙封爵，世世代代荣华富贵。这些人天不怕，地不怕，仗着一块免死牌无恶不作，称霸一方。自然会成为贪污腐化的隐患。

第二，打江山和坐江山是两件完全不同性质的工作。然而各级官员往往用战时的办法管理国家。比如，革命战争时期把支部建在连上，注重政治思想建设，也许是必要的。但是在和平建设时期，如果继续保留这样的制度往往会带来危害。中国的党委制、党管军制、党支部制，就是战时制度的延续。一个国家由两套班子治理，又是党委，又是省直机关。于是干部数量成倍增加，而且他们还要"死而后已"。于是难免人浮于事。一旦有油水可捞，他们自然会利用手中权力谋求私利。这就是贪污腐化。

第三，后任的领导班子往往要从官员的后代、亲属中优先录取；或者从在他们身边工作过一段时间，听从使唤的人里来提拔，当一回伯乐。几代下来，继任的班子如同近亲繁殖，基因品质会逐代下降。一个大的国家，能人到处都是，可是他们可能连党都入不了，没有竞争的机会。结果，上层领导只能以其昏昏，使人昭昭，举国上下，缺乏生气。于是贪官污吏自然会在无能的监管者的鼻子下鼠窃狗偷，贪婪地吸食着民脂民膏。

辛亥革命的历史功绩在于根除了皇帝，但是没能清除中国人脑子里的封建思想，没能建立一个尊重人权的民主制度。毛泽东成功后虽然没有恢复帝制，但是这位一向对西方蔑视的革命家抛弃了孙中山的理念，回过头来采用了资治通鉴的办法来管理国家。唯一不同的是他又掺进了从苏俄趸来的无产阶级专政，这条无情的马列理论成了中国封建制度的门神。既然脱不出历史的俗套，自然也不会消除历史上贪污腐败的恶果。

一般来说，一个新的朝代在开始的时候，由于马上皇帝的威严，贪官污吏都会有所收敛。而且，从战争打出来的皇帝也多少知道民间疾苦，会严厉惩治贪官。如朱元璋之诛蓝玉，毛泽东之杀刘青山。因而，在开始的数年间，贪污腐败不大明显。但几十年后，朝廷百官成了一罐死水，蚊蝇开始菌集，贪腐开始发酵。由于官员上下级间的亲属、人脉的关联，往往熟视无睹，网开一面，放任自流。于是贪官大军像雪球一样，越滚越大，最后会形成雪崩，危害国民。

就此而论，贪污腐化的泛滥虽然发生于毛泽东死后 30 年，但近日之腐败却源于他老先生奠定的制度。他应当也有责任。至于邓、江、李等权势家族，成了贪污腐化的先锋，在政坛，在商界，随心所欲，胡作非为。他们对贪腐现象更有直接的责任。当然，在这样的制度下，如果官场如一潭清水，高风亮节，那倒让人大吃一惊了。

美国的国父华盛顿先生的伟大之处在于他留给后人一个法制的民主国家。他原本可以效仿刘邦、朱元璋，在美利坚称帝，永享荣华。但是，在 8 年头上，他走了。回到自己的农场，去经营他自家的财富。对他和第三任总统杰佛森来说，当总统是赔钱的买卖。这个光荣的传统至今还继续保留着。以至于有人在参选的时候声称不要工资。年薪 40 万对拉姆尼的收入来说是九牛一毛。这样的官大可不必为了几百万黑钱锒铛入狱。

21 世纪的互联网已经推广到千家万户。如果地球的一面有只苍蝇，另一面可以听到它的嗡嗡。遗憾的是，古老的中国还在恋眷着 5 千年的祖制。不改制的反贪，无异于舍本求末，无功可成。我看过一幅漫画，一个人用刀片刮胡子，刀片走到右边时，左边又见了胡子茬。但愿手持刀片的人不是中国的总书记。

迟来的选战

12-26

习总书记和 7 个火枪手上台月余，政通人和，百废俱兴。贪官接连落网，淫官裸身上像，访民 4 万释放，网络防火加强。中国总算盼来了几位知道体恤民情的有血有肉的头领，告别了那些不食烟火伟光正的圣人。新政对高官约法三章，以至于茅台酒也遭遇了销售的危机，领导们忙着抛售闲房，给茅台爱好者和急需房屋的子民们也带来了福音。观乎中华盛况，总书记嘱咐喉舌们作文以记之。喉舌们也不负圣心。伴随着北京早来的严冬，歌功颂德的文章像雪片一样凭空而降。企图给人们带来精神上的问候与温暖，奠定复兴天朝大业的信心。

新华社连续几日分期分批有步骤地发布了介绍习近平、李克强、张德江、俞正声等的人物特写，同时公布了他们的一批生活和工作照片，甚至倾诉出他们贫穷艰涩的过去和幸福甜美的爱情。这种先结婚后恋爱的行为霎时间让国际的舆论界如丈二金刚，摸不着头脑。也让一个在西方生活了七、八年的华人产生了类似西方选战的印象。

不过尊敬的领导人们，请恕我说句风凉话："你们把游戏的顺序玩反了。"在西方民主国家，大多是选战在前，就职在后。可是什么事情到了中国都得挂上本土的特色。他们的选战却安排到上台之后。当然，愿望是好的。让老百姓们知道他们的领路人是多么的优秀爱民，是黄土地的普通人民的子孙与公仆。至少老百姓可以拍着胸脯对西方说，我们中国领导人也是血肉之躯，比你们的一点不假，个个都很过硬。这种迟来的选战无疑会使中国上下齐心，官民一致，信心百倍，迎接 21 世纪的新的挑战。

不过，话又说回来了，既然这些领导人都那么优秀忘我，为啥不能把这样的选战放到 18 大之前，大大方方地让人先高兴一阵哪？既然这些领导人都那么优秀忘我，为什么不能把他们交给平民百姓去评头论足，用手去选举哪？既然这些领导人都那么优秀忘我，为什么还要搞黑箱作业，偷偷摸摸，躲在一个阴暗的角落去完成新人的组合。以至于北京的一场洪灾竟然没人过问，市长只能在事后靠半夜里服用泡面而博得同情；以至于世界的华人每天都在猜测是九下七上，还 7 上 9 下。

在西方，选战的经费要靠自己的竞选班子到民众和企业中去筹措。西方的宣传机构也没有 CCTV 那么高的政治觉悟，只要你还没当上总统，广告费就一分也不能少。相对而言，中国的迟来的选战靠的是党报、党 TV、和党笔杆子忙乎出来的。他们所花的都是政府工资，亦即来自纳税人的腰包。因此，与西方政客们相比，中国的政治家们又显得自私与贪婪，花着人民的血汗来营造个人的形象工程。让人们忘记倍感失落的选举环节，进而承认领导班子合法。这种以自上而下的方式来换取人民的爱戴的举动，往深了说，是假公济私。此风一起，省部地市以及县团级一定会竞相效尤，为自己评功摆好。从而忘记了他们该做的事情，从而也掩盖了过去贪污腐化的劣迹。

这种迟来的宣传的特点是只会捡好的说，而且，生米已成熟饭，大不了把事办坏了你也没辙。要是没有王立军这个药引子，我们的薄熙来大青天的英雄事迹也会编个三天三夜，比这七个人一点也不会少。看看他离开商业部时的动人画面，就知道他也会是一个合格的常委成员。

习近平如果没有红二代的出身，他会从工农兵学员，参军、从政，步步高升吗？原则上说，高干子弟觊觎的好处，他一样也没少。即使在抱得美人归和送子哈佛这样的小事上，他也毫不示弱。把这样一个没经过人民考核的个人利益追求者吹捧为民族未来的领路人，你不觉得过分？李克强在河南就任时正是爱滋病泛滥的时期。如今，他摇身一变，成了爱滋病的关注人。居然还会见过有道义感的医生高志洁女士。如果李真帮过她，她还会有后来坎坷艰难的经历吗？

说张德江心里时刻装著老百姓，处理动车事故有功更是颠倒黑白。当时事故处理的缓慢和野蛮让人难于接受。在舆论界的质疑之后才扭转活埋车头的错误决定。实在看不出他把老百姓装在了什么地方。一个专管交通的官员不能预防事故的发生，还要靠处理事故有功来标榜自己，难道不觉得可耻。

在卸任后的江老太爷乘坐龙椅参拜泰山的时候，张高丽同志带着文武百官护驾，紧随身后。在旅游季节，封山两日。这大概才是他被提升的理由。在介绍俞正声的时候，提到了他的革命家庭。为什么不说说他的同胞长兄，拿着国家的机密去换取西方的舒适生活。按理，俞大书记的家属有杀关管的关系，这样的人却能轻易独步青云，身居要位，一篇赞美文章就能了结。80 年代初，有位通过出国考试的研究生，因为母亲涉嫌一件命案，竟然被克扣多年。难道对海外留学的审查比政治局常委还要严格。

没有时间去一一点评着些被写成有血有肉的来自普通人家的道貌岸然的政客，但是这种有取有舍片面的赞美诗未免来的太晚，他们的形象暴露于官位确定之后；这种褒奖弘扬的赞美诗也未免来的太早，因为他们刚刚开始工作。以后，会不会在出个薄熙来，陈良宇，谁也不能打个保票。当然，迟来的选战比不来的选战毕竟是个进步，它会引發了大众的評伦。為中國政治公开化、透明化有个良好的开端。然而，任何事情宣传得过火，都会产生负面的作用，欲速不达，适得其反。

习近平上台不久，便与江胡不同，开始注重民意，并且提出过权为民所赋的进步理念，尽管他的权还不是老百姓赋的。他的几年黄土地的锻炼以及乃父的高风亮节势必影响到他的执政方针。希望总比绝望要好。希望了解西方民主制度的他不只是东施效颦，从模样上去仿照西方，而是给中国的改革引进崭新实在的内容。

面对头上压着的几十位权臣大佬，他的改革的步子也不会迈得太大。他的改革措施也不会轻易实现。前不久，新任政治局委员刘延东、刘奇葆为一本江老爷子做序的诗集捧场祝贺，就是对习李新政的严峻挑战。况且，江泽民、李鹏极力在官员的代谢中强使余热，纵横捭阖。甚至硬把排名倒数第一的李小鹏扶正。这些举措对习近平、李克强的文景之治和光武中兴无疑都是沉重的打击。受人赞誉的胡锦涛的裸腿显然也没有终止老人干政的恶行。

《人民群众是我们的力量源泉》《万事民为先》《心里要时刻装着老百姓》等，这些都是绝好的标题。让我们不计前嫌，假设党报上宣传的都是真实的，好让老百姓也有个盼头。智取威虎山里有句台词，"八年啦，别提它啦。"如今，换个说法，60年了，别提它了！让我们放眼未来去观望一个新的中国的诞生吧。

2013

习近平的策略转移

纵观胡锦涛的十年，是对外消极对内求稳的十年。他把所有的领土争端问题都交给外交部去处理，当然外交部能够做到的也只是抗议，严重抗议，或"是可忍孰不可忍"的抗议。在国防部这边，除了加封几十位将军，除了到几个少数民族去镇反，几乎没有任何戏码。即使在美韩黄海联合军演的时候，也听不见国防部的枪声。国防部吃了 10 年的空饷，难怪王守业们有闲空去糊弄一群小老婆。

如果说胡锦涛在对外部侵扰上采用的是我自岿然不动，那么习近平所采用的是以攻为守，不战而屈人之兵。从策略上，比他的前任高了一筹，当中国的战机飞抵钓鱼岛的时候，也长了几分人民的志气。因为前边的 10 年太窝囊了，外交部像一只狗叫来叫去。但这只狗又绝对咬不到敌人。

处理中日的武装对峙依靠的不光是军事，还有胆略，魄力，和底气。老实说，中日两国各自需要的在目前都不是动武。日本的经济消沉，中国的民心背向，都是急需解决的问题。打仗也许会激发民众的一时的民族狂热，但战后会带来更多的社会问题。日本已不是当初的日本，中国也不是昔日的中国。两国的领导人还没有愚蠢到像大街上的两个暴徒的地步，二人相互碰撞一下，就得拚个你死我活。领导们迫切需要的是民意，是百姓对新中央和新内阁的支持。如果习近平的气势能够压倒日本，那么在新政开始的一年就会树立起强势的形象，就会有个良好的开端。这乃是习近平的聪慧之处。当然国防部也终于有机会亮剑，哪怕是实弹演习，以雪 10 年默默无闻的耻辱。

当然习总书记和日本的安倍也都有顾虑。中国这边反复要求美方不要介入，还要谋求俄国的配合。安倍则四处活动，拉拢党羽，对抗中国。这两个国家都有点色厉内荏。如果其中有一方是美国或是老俄，炸弹早就扔过去了，用不着浪费这么多的唾沫星，也用不着派战斗机去试探。

从理论上讲，日本人在二战中侵占了中国和东南亚，杀害了数千万无辜的百姓。可是至今不思悔改，不愿道歉，这是东亚所有国家的共同的耻辱。尽管日本臣服于美国的两颗原子弹，但对东亚各国还是睥睨傲慢不屑一顾。因为这些国家不团结，明争暗斗，成不了气候。现在，敢跟日本叫板的只有崛起的中国了，可是中国又有太多的顾虑，不敢轻易动武。即使打赢了，也会担心美国黄雀在后，吃个大亏。现在东亚地区能够像美国那样教训日本的国家还没有出现。这是个天大的遗憾。

然而日本也担心中国如果打红了眼，真的豁了出去，投出总量一半的核弹，大和民族将被从地球的硬盘中永远删除。中国方面又怕美日条约。一旦美国乘虚而入，把沿海的东方之珠们一一履平，中国一下子又会退回到50年代。何况如今，人口多了，耕地少了，几百吨金子存在美国，几百名凤子龙孙享受在美国。即使中国的GDP超过老美，中国也不会轻易和老美开战。所以，没有美方的允若，中日之间不敢轻易走火。虽然，老美欠了一屁股外债，但是依仗他的军事实力，到了关键时候，你还得听从这位青帮大哥。

至于中央军委要培养官兵大无畏的英雄气概和一不怕苦、二不怕死的战斗精神，谈何容易。问题是你让谁不怕苦，你让谁不怕死？

以习近平为首的党中央的新老领导人们，个个争先恐后地把革命的子孙后代寄存到美国的哈佛、耶鲁，旱涝保收。这些公主和王子们每人都有个小金库，过着自由安逸舒畅的日子。你还怎么能够动员穷人家的孩子，拆迁户的孩子，讨不到工资的民工的后代去为你们不怕苦，不怕死。

望远看，斯大林的儿子曾被德军俘虏，毛泽东的儿子曾在朝鲜牺牲。往近看，英国女皇的孙子到阿富汗去服役，美国参议员的儿子到伊拉克去打仗。试看今天的自私透顶的国家领导人们，有几个敢学斯大林、毛泽东。有几个敢效仿英国皇家和参议员韦伯。打起仗来，他们会召回那些美国留学的子女，把他们送上第一艘冲向钓鱼岛的登陆艇吗？

再看看留在国内的红二代们，非官即商，犯了罪还可以到国外疗养。这些权贵家族们个个拥有千万、亿万的财富。民工们劳作一年，讨不到工钱；房子被强迫拆迁，没处说理；越战的英雄们得不到适当的安置。今天要打仗了，你动员他们的孩子开着战斗机，驾着军舰，去一不怕苦，二不怕死，他们会心甘情愿吗？你们吃着国家，喝着国家，毁着国家。到了保卫国家的时候，你才想到这些平民子弟，让他们舍命去保卫你们的特权，恐怕没那么容易。

水能载舟，亦能覆舟，这水不是美国，也不是日本，而是 13 亿人民。在对外称霸之前，还是得先安抚好自己的人民，才可免去后顾之忧。一个只对得起自己，而对不起人民的政府即使占有了钓鱼岛，又能有多大的意义。

靠党整党，帝王思想

6-25

转眼习总上台已经半年，亮出了一堆花花绿绿的口号，但还没见到什么起眼的功效。尤其是百姓最关注的贪污腐化问题，至今没有令人满意的举动。想想 57 年的反右，想想 45 事件的白色恐怖，想想 64 的机枪坦克。共产党在整治人民的时候，是何等的大刀阔斧，何等的沧海横流，何等的英雄气魄。几十年后还令人望而生畏。然而对于自己队伍里的流氓恶棍却迟迟下不了狠手。

中国的贪污腐化已经到了癌症病人的晚期.用两位总书记自己的话说，已经到了亡党亡国的地步。既然问题如此严重，总书记你为啥还暗喊刀下留人哪？问题的答案很简单，

39

因为这次要整治的都是自己人，都是党的功臣之后，都是党的栋梁之材，都是高干亲戚子女，兄弟姐妹。换句话说，如果搞贪污腐化的是一群如街头摆摊的升斗小民，早就动用机枪坦克把他们给灭了。如同一个做过几百次癌症切除手术的大夫，忽然发现自己的心脏里有颗恶性毒瘤。你为他准备了再好的手术设施，他还是下不了决心。因为这次死去的可能不是别人。

动辄贪污千万上亿，动辄几十个情妇，动辄几百套房屋，动辄几十个幼女，这是十恶不赦的刑事犯罪。这是一群监守自盗的蠹虫，这是一群侵吞国家财产的强盗，这是一群强奸人民的恶魔。可是他们却游离于法律之外，天网恢恢，唯独罩不着他们。本来应当把这些人交送人民法院，逐件审理，该毙的毙，该杀的杀，该关的关，该罚的罚。可是法院是由他们控制的，法院是他们压迫和剥削人民的机器，法院是迫害上访人员的工具。法院管不了他们。

至于中纪委，则成了贪官污吏的保温层和降落伞。几十年来，除了几位因政见不同而被撂倒的政治局委员，有几个高官被按照法律程序拿下？试看江泽民一家，试看李鹏一族，试看官商两栖的官二代、红二代，中纪委敢碰他们一根指头嘛。如同环保局拿了人民的钱，不为人民环保。中纪委的人拿了人民的钱也不能为人民清除匪霸。

习近平上台后信誓旦旦地表示要改革，要实现他所设计的中国梦。然而至今还是停留在口号的地步。洗洗澡，治治病，照镜子，正衣冠。说得何等轻巧。以权谋私，贪污上亿，难道这是病？至于衣冠，这些人已经够正的了，穿名牌，带名表，开名车，这些衣冠禽兽岂止是道貌岸然所能概括。对于这样一群祸国殃民的乌龟王八蛋即使把他们架上刀山，推进火海，也都是便宜了他们。洗澡治病虽然体现了总书记的仁爱之心，但国法难容。对这些仓鼠败类的姑息，就是对人民的犯罪。习近平手持尚方宝剑对这些贪官大慈大悲，表明反贪不是他的本意。他的本意是依靠这些贪官继续为他维持政权、稳坐江山。

中国共产党在历史上有过多次整风，都为后人留下残酷斗争阴影。整风的目的就是树立某个领导人的权威，整风的手段就是无情的斗争，整风的结果就是得势的一批人打倒了失势的一些人。整风几乎没有正确与错误的是非观念，整风和夺取政权一样，顺我者昌，逆我者亡。至于用整风的方式反贪，不过是用贪官来反贪官，用大贪官抓小贪官，用隐贪官打显贪官，用明天的贪官治今天的贪官。贪官的本质是触犯了国法，抓贪官应当是独立于行政之外的法院的职责。然而这种法院在中国不存在，因此，苍蝇老虎一起打的口号喊得再响，反贪还只是个过场。

中国的贪腐之风愈演愈烈，起源于封建加共产的混合体系。在反贪口号唱响的同时，那些官二代、官三代不是已经冠冕堂皇明目张胆地混进了第五梯队，成为下一拨贪官的合法继承人，即使口碑较好的胡总，即使五个不搞的吴长官，也都为自己的子女送上一程，为延续所谓的红色政权贡献出血脉的力量。如此下去，中国势必为几个或几十个权贵家族垄断，民主呼声势必遭到扼杀，中国也必然会沿着封建的道路继续倒退，中国的财富也依然会汇聚到邓、江、李、曾等皇亲国戚的手里。照此下去，未来的中国不知会有多么昏暗。

习近平们最近又祭出了毛泽东提出的群众路线。群众，群众，一群乌合之众。群众一词的产生突出了共产党盛气凌人的尊贵和对普通百姓的歧视。他们把自己和大多数老百姓对立起来，一旦入党当官，他们就成了跃过龙门的鲤鱼，从而不再是鲤鱼。在他们眼中，群众是愚昧的，落后的，群众只能听他们的指挥吆喝，受他们的摆布运作。他们所谓的群众路线不过是让人们相信他们的宣传，承认他们的天赐的领导地位，糊里糊涂地跟着他们反右、大跃进、搞文革，然后再认可让他们的子女先富起来。

群众的称号恰恰表明共产党人自己不承认自己是群众的一员，因此，脱离群众也是共产党人必然的结局。习重提走群众路线，又不许群众反贪，表明了习一心想要接过来的不过是毛的帝王思想。可惜，此一时，彼一时，毛泽东用过的家什在习的手中已经不大好使。强弩之末，不穿鲁缟，习此刻即使请出封建君王的倚天剑、屠龙刀也挽回不了大势已去的下场。如果他真是个男儿，就应当率领 13 亿人民，冲破封建意识的遮拦，放弃按血统世袭的特权，开创一个平等自由民主博爱的新的中国。

小时候听说项羽力大，可以自己揪着头发，离开地面。学了牛顿力学之后，知道这不可能。今天，把封建和共产溶为一体病入膏肓的伟大的党，要靠自己的力量揪出可能包括自己的党内罪犯，虽然这事不受牛顿定律的约束，但也和项羽自拔的神话一样，天方夜谭。

总书记的矛和盾

7-2

上过中学的人都记得一篇寓言，"楚人有鬻盾与矛者，誉之曰：'吾盾之坚，物莫能陷也。'又誉其矛曰：'吾矛之利，于物无不陷也。'或曰：'以子之矛，陷子之盾，何如？'其人弗能应也。"

继韩非几千年后，中国竟然有个权势显赫的人物，站在中南海的门前，右手举矛、左手持盾，又玩了一次矛和盾的游戏。

总书记右半拉嘴说他要改革，改革开放应该让全国人民群众说了算；但是左半拉却强调七个不讲。革还没改，先上了七道大锁。改革是大胆的事，改革是开创性的事，改革是破除旧的框架寻求新路的事。面对这样的开天辟地众望所归的大事，他却规定了一堆不许提及的东西，包括普世价值，新闻自由，公民社会，公民权利，中国共产党的历史错误，权贵资产阶级，司法独立。My God！ 这七个不讲就是七层盾牌，右手的那根脆弱的改革之矛还没刺出去，矛头就弯了。如同郭德刚相声里的大财主，扔了一把拴着绳的铜钱给一群叫花子，当他们弯腰捡起的时候，大善人又用绳子把钱拉了回来。

一方面总书记要做个中国梦，要来个伟大的复兴，似乎它要完成一件空前绝后的壮举；另一方面他又说："全国各族人民一定要增强对中国特色社会主义的理论自信、道路自信、制度自信，坚定不移沿着正确的中国道路奋勇前进。"既然中国已经有了正确的道路，有了经得起考验的理论，还有一个优越的制度。那么从毛邓江胡经历了 60 多年的路程，干嘛还要靠你这个晚辈去复兴，还要让你这位靠着血统登上大位的新王来设计一个新梦，这岂不是对先王们的亵渎与大不敬。说穿了，新书记要做的是党梦、皇帝梦、权力梦，是打了一次江山就得永远坐下去的龙朝梦。

在党的大会上谈到反贪的必要时，习总危言耸听地提出亡党亡国的警世恒言，好像太阳教的首领在敲打末世的警钟。然而在处理手法上，他又提出，洗澡治病，正衣冠，照镜子等不痛不痒的措施。这群贪赃枉法监守自盗的官吏把国家糟蹋得快灭亡了，你却让他们照镜子，洗澡，轻易了事脱身。这无异于一个大法官对犯人说："按你的罪行，我真想把你杀了。"然后，他又带着罪犯朋友泡温泉，洗桑拿，吃海味。这无疑是天大的讽刺。

习近平在人格上也是个矛盾。一方面，他知道习仲勋为官刚正曾遭迫害的那段历史，一方面他自己又从这个制度获取了无限的好处，官运腾达，娇妻妩媚，女儿也上了哈佛。他老爹的事毕竟已成历史，他的地位和荣辱才是现实。让一位被党培育了多年的既得利益者冒着生命的危险去效仿乃父，做个异类，恐怕超出了他的智慧。

听其言还得观其行，习不愧是位聪明的帝王。高干子女靠血脉获得的好处，他一声不吭地都拿到了，走后门上大学，毕业后去总参，从地方到中央，就连那一纸学位的文凭，他也没有错过机会。比起那些抛过头颅洒过热血的前辈们，习应当算极端自私的一类了。靠这样一位强烈的个人主义者去为人民谋福，恐怕又一次找错了方位。

江泽民在任时发明了仨代表，胡锦涛东施效颦，又亮出了科学发展观。习的口号比较简单朴素，中国梦。梦是睡觉时发生的事情，昏昏噩噩，神志不清。如果说仨代表不伦不类，发展观空空洞洞，那么中国梦只能模模糊糊了。但愿百姓们晨起之后，把昨晚的南柯梦做个记录，什么时候做到中国梦了，发个视频给 CCTV，让总书记也高兴高兴。

蒋经国继承了父亲一生的基业，给台湾带来民主，靠的是英明和勇气。戈别切夫拆除了封锁了几十年的柏林墙，给世界带来和平，靠的是明智和远见。好男儿习近平匡扶旧制，继承毛邓，靠的是愚昧和私心。但愿习总的十年能够带来的不是绝望，而是失望。让秦皇汉武、毛宗邓祖的体制继续延伸，让中华民族继续在民主与专制间徘徊，让人民继续把希望寄托在下一届总书记的身上，形成一个完美的周期函数。那才是独裁者的人间正道。

制度才是腐败的温床

7-7

英明伟大的习书记最近又发出最高指示："作风问题是腐败的温床。"歌颂者如同一拨一拨的吹鼓手拼命赞扬、诠释，做道场。似乎习已找到了中国政坛腐败的根本原因。只等来日一声令下，就能改变贪官淫官们的作风，中国立马会有一个清廉的官场政界，从而保持党的先进性和纯洁性，除掉形式主义、官僚主义、享乐主义和奢靡的作风。可仔细一琢磨，发现善于做梦的习大总管又说了一回梦话。

翻阅在线字典，什么叫作风哪？"人们在工作、学习和生活中表现出来的稳定的态度和行为。包括思想作风、工作

44

作风、生活作风等。它的形成主要取决于个人的自觉培养和一定的组织纪律约束。良好的作风有认真仔细、严谨踏实、任劳任怨、一丝不苟等。"

请注意，作风是培养出来并且被约束的东西，相对而言，作风是被动的，它是在其他约束条件下产生的，说作风在产生贪腐有点驴唇马嘴之嫌。

再看看什么是温床，"人工加温培育苗株的苗床。比喻促进产生某种事物的条件、环境：维也纳是艺术家的温床｜帝国主义是战争的温床。"

也就是说温床是可以产生某种事物的客观环境。相对来说，它是主动的，可以施加影响的东西。很明显，如果把作风和温床连起来的话，一般人会说作风在温床里养成。

再看什么叫腐败，这样的事在中国太普遍了，用不着去查字典。贪污几个亿是腐败；买官卖官是腐败；24个小老婆是腐败；38套房产是腐败；为少女破处是腐败；倚仗门第；经商发财是腐败；，把子孙举到官场是腐败；靠脏钱送子女出国是腐败；用军舰走私是腐败；赖昌星红楼里的贵客是腐败。简直有点罄竹难书。从康熙到新华，大概还找不出一本字典把这些行为当成作风。这是犯罪。一个仅有作风问题的人还不一定到达犯罪的程度，把犯罪说成作风无疑为了把大事化小，把小事化无。作风温床论从任何角度都站不住脚。

总书记羞羞答答遮遮掩掩，他最怕说的就是封建制度才是腐败的温床。脏水积累到一定时间，就会生成蚊子。木栓久而不用，就会滋生蠹虫。中国目前的社会制度就是一潭死水，就是一根拉不动的木栓，这才是贪污腐败的根源。

简单说来，中国的干部制度可概括为党阀制，门阀制，终身制，伯乐制和派系制。这些制度使得中国的干部系统如死水一潭，争权夺利，成了一个黑色的染缸。即使一个清白的人跳了进去，也免不了沾上污泥浊水。

中共的政权是用枪杆子打出来的，所以在建国后，政府的结构因袭了军队的色彩，把支部设在班级，车间，街道，科室，人多到一定程度还要设党委。如果是少年，则设少先队，如果是青年，则设共青团。凡是有人的地方，都要有党的机构，实行所谓一元化的领导。党组织成了注入人体血液的示踪原子，身体的各部位发生了什么事情，党都会一清二楚。毛泽东总结了历代统治阶级和苏共的经验，把中国人上上下下都牢牢地掌握在他的手中。一有风吹草动，就发动个运动，把反对他的不同意见扼杀于襁褓之中。

党阀执政的直接结果就是一党专政。不是我这个党的人，不要说执政，就连个弼马温也当不成。由于在夺取政权的过程中，共产党采取秘密组织，地下工作，党员必须宣誓对党效忠，这个党带有封建帮会的特色，经营方式与黑帮相似。掌握了政权后，党对普通百姓还保持了神秘的传统，从组织生活到党代会，都是黑箱作业。这个党不相信人民，不相信群众，切断百姓和外界和外国的思想交流，让百姓只能听他们的一种声音。

党阀的另一个结果就是庞大的干部编制。本来一个省、市有省长、市长，再加一两个副手就可以运转了。本来这些省长、市长以及厅局各级干部都是从党内选拔的，可是，党的中央机构还是不放心，还得另外选派一批省委、市委、地委书记和副书记们，他们的地位相当于常驻钦差大臣，监视、执行各项工作，包括发展党员，培养干部。再加上省人大，省政协，团省委等机构，中国出现了一大批人浮于事的官僚阶层，正事干不来，坏事倒出了不少。这些机构花费的都是从老百姓兜儿里掏出的钱，成为老百姓的一个沉重负担。

门阀制是中国封建社会遗留的传统。历代的皇族就是最大的门阀。中国人在用人的时候对家世十分重视，比如将门虎子，三世公卿，连唱戏和说相声的都要讲究世家。刘备穷得都卖草鞋了，还得炫耀他是中山靖王之后，被汉朝的末代皇帝尊称为皇叔，的确行之有效。金刀令公经杨延昭、杨宗保、到杨文广传了 4 代，到了水浒传时，其后代杨志只能靠卖祖传的宝刀来过日子了。门阀观念有一定的道理，一是生物基因，二是耳濡目染，子继父业，理所当然。我有个中学同学，是位少将的儿子，他立志长大了要当将军，后来听说获得了大校的军衔。

终身制使得干部系统性成帮派人脉，官官相护，盘根错节。尽管改革开放后，干部中规定了退休年龄，但是退休后许多人并没有停止干政。江泽民已经成为普通党员，但是他的政治与生活待遇与退休前没有改变，在公开场合，俨然以国家领导人身份出现，他的儿子继续在红白两道当官发财，他的家族势力并没有因退休而有丝毫的减弱。李鹏的儿子原来是公司的总管，摇身一变，又当了副省长。江、李的行为告诉百姓，他们的政治地位和权利还是终身的。

制度是腐败的温床，面对这样一个明显的正确的论断，习总要么是顾左右而言他，要么是逻辑混乱，有意倒置了因果关系。可笑的是，习的作风温床论刚一出笼，党名下的各种媒体如一群苍蝇叮上一块腐肉，嗡嗡的叫着，好像发现了新的大陆，告诉人们它们颂扬的是一块鲜肉，肉质纯美，宇宙第一。如果说江主席要代表不会说话的机器违背了同一律，那么习的作风是温床的说辞则违背了因果论。

其实，像雷政福这样的一类腐败分子，不如直接说成生殖器是腐败的温床，虽不合理，但是醒目，处理起来也简单，一刀就行了。没必要无视字典，兜那么大的圈子，把作风说成腐败的温床，作风自己也觉着冤枉。把习主席半年里做出的各种指示汇编起来，就是一篇上好的中国梦话。政界的上上下下已经黑成一片，溜须拍马，口是心非。对总书记放出的每个臭屁，后边的随从们都捂着鼻子，伸着拇指说香。其实中国现在最需要的是《皇帝的新衣》里的小孩子，他不光看到皇帝光着身子，还敢大胆地喊出来，他看见了皇帝的小鸡鸡，也没啥特殊的地方。

中国主席和美国总统的区别

中国的主席和美国的总统虽然地位相近，但又有很大的区别。这区别基本上在于制度的不同。

1。美国的总统只是个行政执行官，他所要做的事情必须通过法律程序，得到国会的批准。他虽然由某党派推荐，但不担任该党的主席。该党原则上无权影响总统的职能和决定。总统是军队的最高指挥。总统受国家委任指挥军队，捍卫国土安全。

中国的主席不仅是执行官，他要做的事情不一定要得到议会的批准，即使批准也是形式。他不仅是国家主席，还是执政党的第一把手，政府的基本政策必须在党内通过。国家直接在一个政党的永久的领导下。国家主席也是军委主席。主席代表执政党管理军队，为了党的利益与生存，必要时军队可以屠杀民众。

2。美国总统给人们的印象是，他由人民的意愿产生，他随时准备听取人民的意见与呼声，并且着手解决问题。总统常到百姓中间，缩短和百姓的距离。

中国主席给人们的印象是，他是国家绝对主宰者，他要求下属和人民无条件执行他的各种指示。对于上访有冤的百姓，往往采取拒绝或"收容"。主席很少到百姓中间，即使偶尔有之，也是走秀。总统和百姓的距离远如天地。

3。从美国总统的讲话中可以看出，他在努力成为一个公仆，努力在四年的任期里，为百姓多做些事，比如解决就业、医疗保险、绿色能源，甚至非法移民和同性恋。

从中国主席的讲话中，可以看出，他在努力把自己塑造成一个领导、先知，努力在任期里，为执政党多做些事。巩固和加强党的领导，为现有的制度和道路辩护。下车伊始，发表几条指示，要求下级雷厉风行，不打折扣。

4．美国总统是人民选举出来的，至少代表一半左右选民。

中国的主席由党内高层决定的，虽无选民参与，但能兼有三个代表。

5．美国总统务实，尽量在任期里实现竞选中的诺言，真刀真枪，做点实事。

中国主席喜欢务虚，在任期内不断提出各种口号。但是花拳绣腿，说得多，做得少。

6．美国的总统的第二届必须重新竞选。

中国主席的第二届直接连任。

7．美国总统受法律约束和议会的监督，有错必纠，有罪必罚，可以被国会弹劾。

中国主席是最高领袖、舵手和导师，有错不许说，有罪不许提，终身免疫。

8．美国总统在法律范围内享受一定的待遇。但不能利用特权，营私舞弊。

中国主席原则上没有法律约束，即使滥用特权，分封子女亲属，也无人制止。

9．美国总统讲话后，媒体可以赞扬，可以批评，可以质问。

中国主席讲话后，媒体只能颂扬，宣讲，不可以批评，更不许质问。

10．美国总统没权逮捕观点和自己相左的人士，一般来说，也无权搞群众运动。

中国主席有权下令抓人放人，可以整风、抓反革命、搞运动， 最后把自己的政治口号写进党章。

11。美国总统出自公平竞争，平民子弟有机会脱颖而出，他可能来自律师、社会活动家、演员、州长、议员、商人等。

中国主席经过党一二十年的精心培养，像袁隆平的稻种，一般有强烈的家庭或政治背景。他只能来自执政党内部，只能来自在官场腾达了多年富有人脉的官僚。

12。现任美国总统不受前任的制约，可以放心大胆地开展工作。

中国主席可能会受前任（太上皇）的挟持与监视，胆战心惊，不能大刀阔斧地开展工作。

13。美国总统多数来自法律系，拥有学位。

中国主席多数来自高级党校，少数有虚浮的在职学位。

习总的新版刻舟求剑

7-12

"楚人有涉江者，其剑自舟中坠于水，遽契其舟，曰：'是吾剑之所从坠。'舟止，从其所契者入水求之。舟已行矣，而剑不行，求剑若此，不亦惑乎！"

如今一个伟大的人物在改革开放三十年之后，在邓、江、胡连续几届掌权之后，在贪腐之风愈演愈烈的时候，在老百姓挣扎于水、空气和食品安全的时候，居然在中华大船上找到了前人刻下的痕迹，居然跳入水中，企图找回60年前失去的那把青霜宝剑。这人就是共产党的总书记，习近平同志。

翻开习的一系列讲话，大多毫无新意，或者直接重复先王毛泽东的原话，或者换上新的说法。他企图从新拾起毛的衣钵和方略，恢复当年中国的彼得大帝的绝对威风。遗憾的是，如今的国家已经不是 1949 年的国家，如今的官员已经不是 1949 年的干部，如今的人民也不再是 1949 年的群众。习沿袭旧制老调重弹的笨拙手法有点舟已行矣，而剑不行的愚钝与困惑。

毛泽东当年提出过"三八作风"，在军队和民众中起到了指导性和振作精神的作用。不过那时的革命军队吃的是小米，用的是步枪，穿的是破军装。想不艰苦朴素也办不到。如今的干部们坐着高级轿车，吃着满汉全席，身边簇拥着 10 几个小老婆，贪污的钱财可以堆满整个屋子。他的八项规定还有个鸟用。对一群祸国殃民的贪官大讲作风，如同对抢劫犯说，你这同志有爱贪小便宜的作风。如同对强奸犯说，你这同志有男女关系的作风。如同对杀人犯说，你这同志有下手太重的作风。罪犯们爱听，他们可高兴了。可惜受害的民众还得被抢劫，被奸污，被杀害。

作为根正苗红的合法继承人，习近平要开展所谓的批评和自我批评，这也是毛泽东时代常用的刀具，当官的监守自盗，罪加一等，这难道是自我批评能解决的事情？

至于群众路线，当年是毛泽东的法宝。人民是历史的创造者，群众是真正的英雄。打土豪分田地的杀富济贫政策引来了大批贫苦农民的拥护，他们成为解放军的粮食和兵员的供给基地，没有他们的支持，就没有新中国的成立。可是 1949 年后，他们被打成农村户口，继续刀耕火种的生活，为城市户口们提供了几乎是无偿的粮食。群众路线利用了群众。如今，当农民工成为二等、三等公民的时候，你还能去让他们听你习近平的吆喝吗？

近日，习近平在朝拜西柏坡的时候，忽然在船帮上又找到了两个务必的印痕。于是他又想跳进水中，找回这两把利剑。可惜，在灯红酒绿天上人间的今天，再让当官的去艰苦奋斗、不骄不躁，他们办得到吗？朱元璋当了皇上，你再让他天天去喝珍珠翡翠白玉汤，他受得了吗。

中国封建统治的集大成者毛泽东同志打造了无数把的锋利刀剑，用于维护他的统治，每把刀剑都曾发挥过举足轻重的作用。可是他的刀剑只适用于他的那个年代，即使船没有动，即使习近平把它们打捞上来，也都是一堆成锈的古董了。何况，舟已行矣，而剑不行。当然聪明睿智的习总书记还可以继续在中国船上找到落剑处的印痕，反右、四清、文革，最后回归到邓副主席的一部分人先富。与其说他是个中国梦的开拓者，不如说是潘家花园的淘宝人。再说，反右、四清、文革这般重武器非毛泽东，没人能耍得动。习近平如果唱上 10 年的刻舟求剑，中国梦休矣。

习近平志大才疏，言多行少。如果不能标新立异，不能改革向前，不能为 13 亿国人找到光明的出路，继续在旧货摊上寻找治国的利器，势必无功而返，史留笑名。迄今，习的反贪政策不过是为大量地贪官寻找一个软件化和软着陆的机会。不查、不打、不杀，让贪官们收回黑手，立地成佛。无疑这只是一厢情愿。贪官们也许会给总书记一点面子，坐回破车，吃顿破饭，卖掉几处房产，少玩几个小老婆。只等作风的风刮完了，他们再重新回到那纸醉金迷的天堂。舟已行矣，而剑不行。习总三思。

贪官现象与中华文化

7-20

总设计师邓小平同志开启的改革开放在 30 年后，大见成效，使一部分人富了起来，但是也让一部分人贪了起来。富和贪的联姻无疑是改革开放的失败之处。10 官 9 贪成了无药可医的社会痼疾，以至于习近平总书记不得不祭出了西柏坡的务必之剑，端出了党内整风的神器。可是贪官已经长成了中国的达旦，此时即使到伯利恒请出上帝，大概也会无可奈何。

如果把中华文化比喻成一束白光，这束白光经过棱镜之后，除了赤橙青绿黄蓝紫，我们还会观察到一条暗黑的伴线，这就是贪官。换句话说，贪官现象乃是中华文化的一部份。只要这种文化传统一成不变地继续延续，那么贪官现象就无法避免。

不知道中纪委的文件中有没有一个关于贪官的文字定义，简单说来，贪官就是利用职权或不法手段攫取财富和利益的政府官员。贪官不光是贪财，还有贪权、贪色、贪房产、贪吃和、谈玩乐、贪待遇、贪地位、贪赃枉法、贪子女的前程。只要他利用手中的权力谋求这些非法的个人或家族的利益，他就是贪官。广义地说，成克杰是贪官，雷政富是贪官，江泽民是贪官，李鹏是贪官，温家宝也是贪官。那些子女靠父母权力而发达的官员是贪官，那些亲属靠他们的权力而发达的官员也是贪官。有人说这样定义，打击面是否太广了。其实自己亲手贪污和纵容子女、亲属贪污，在性质上没有多大的区别，只不过后者更隐蔽，更间接，更容易被谅解。

手头资料不多，中国历史上不是没清官，有，但为数不多。典型的有汉末的诸葛亮、北宋的包文正、明朝的海瑞、清朝的于成龙、民国的顾维钧、共产党的周恩来、华国锋等。其事迹众所周知，不予赘述。但要清点一下贪官，恐怕各朝各代都有一大把，其数量的总和远远超过清官。为什么会这样，因为贪官是中华文化的一个属性。不过在各个朝代之初，受到暂时的社会条件或第一代强人的制约，贪腐之风会有所收敛。但一旦失去约束或者遇到了耀眼的财富，贪官们则如洪水猛兽，你争我抢，一发不可收拾。

由于贪官是民族文化的一部份，贪腐成了潜伏于社会肌体里的 HIV 病毒，一旦成了气候，它就要从隐性变为显性，开始以 AIDS 的形式形成病灶，逐渐扩大，直到把这个社会状态毁掉。然后不得不靠一种新的势力破旧立新，改朝换代，开始新的历史循环。

由于贪官是民族文化的一部份，贪官和家庭背景、出身、成分无关。不管你是官宦子弟，还是平民子女，只要得到了权力的宝座，只要遇到成熟的社会气候，他们就会利欲熏心，蠢蠢欲动。江泽民和李鹏的子女出身高贵，视权如血，视财如命。刘志军、郑筱萸出身寒门，在金钱面前也毫不退缩。因为他们身上都同样打着中华文化的烙印。

首先贪官的出现有经济根源。中国有史以来注重小农经济，以农为本。中华大地从地理条件上属于内陆型经济。既不像岛国英吉利或日本那么扩张，也不像海洋型的荷兰与意大利那么开放。民以食为天的信条把人民长期束缚在土地上，使他们养成了关闭保守，各扫门前雪的习惯。缺乏把民族作为一个整体的精神。小农经济下的人群自私狭隘，目光短浅，有利必争。小农经济下的人群虽然常年辛苦，但难得温饱。一旦有了某种条件，就要千方百计地抓住，用来改变生存状况。

贪官的出现还有家庭根源。儒家讲究不孝有三，无后为大，先治其家，后治其国。中国人的家庭和血统观念很强。一代人有了权力，就想世代为官。一旦有了财富，就像留给后人。有了技术绝活则会传男不传女，让一姓的后代永远继承，脱离饥饿。唱戏的儿子唱戏，当官的儿子当官。家庭观念把人和家族利益捆到一起。一个人当了官，不光自己要吃吃喝喝，荣华富贵，还要耀祖光宗，横向延及亲属，纵向传承子女。这样的历史任务自然会加大了官员的胃口，自己吃饱了肚子，还得留给子子孙孙，于是贪婪的心态自然没有满足和界限。贪，贪，贪，恨不得富可敌国，恨不得把大地上的财富都包揽到自己家的院子里。

贪官的出现和长期的帝制有关。中华文化把皇帝推崇为真龙天子，主宰万物。因此皇帝的极权是上天赐予的，皇弟也顺理成章地享受着三宫六院七十二偏妃的奢靡生活。商纣王的酒池肉林，秦始皇的兵马俑和阿房宫，隋炀帝的三游江都，这些皇帝们几乎榨尽了民间财富，荒淫无度。皇帝利用特权，带头奢侈享受，自然也为下属的官员带来贪图富贵，敛聚财富的恶习。皇家的传位方式导致了官员的世袭。三世公卿多有所见。即使信奉马列的共产党，也脱不掉封建的俗套，朱毛之孙当了将军，邓小平的孙子也做了知县。世袭现象也助长了官场的贪腐之风。

贪官的出现和中国的官本位文化有关。学而优则仕，一跃龙门则身价百倍。当官成了读书人的唯一出路。只要有个靠山，踏上仕途，如果没有重大变故，就会终生为官，成为职业官僚。这些人除了从政管人，没有其它谋生的手段。官本位按等级使官员们享有丰厚的利禄，生活水平远远高于普通劳动者。三年清知府，十万雪花银。即使清官的财富也相当可观。中国的官场如一潭死水，日久必然生蚊。这些官员各有人脉，各有根基。一旦地位稳固，就会巧取豪夺，与民争利，最终都会走上贪腐之路。

贪官的出现和中国的制度有关。皇帝把各级官员当作他的股肱和鹰犬，帮助他剥夺和压迫百姓。官员们则成了皇帝的宠物，皇帝对他们关爱有加。即使发现有人贪腐，也会睁一只眼合一只眼，不予处罚。久而久之，一步一步发展成为大贪，祸国殃民。中国素有礼不下庶人、刑不上大夫的传统，官员们可以不受法律的约束。老百姓没有监督和揭发官员的权利，以至于贪官的劣迹几十年都无人过问，形成恶习。制度也是民族文化的一部分，要改变因袭了几千年制度是很艰难的任务，因为这首先触犯了统治阶级的利益，他们会不惜拼死反抗。

当然即使一个民主国家，也不会完全消除贪腐现象。然而贪腐在官场普及和泛滥乃是封建制度的特有属性，也是黄河文化的一部分。改变一个民族的文化是几百年甚至几千年的事情。在中国要想根除贪官在短期内很难实现。发如韭，割复生。即使今天杀了一批，明天又会再产生一批。对贪官们纵容包庇，不抓、不打、不杀，只会使贪官越来越多，最后终将威胁到统治者的地位。

贪官们帮了皇帝，最后也害了皇帝。其实，皇家本身就是最大的头号的贪官。把贪官和文化连到一起，不是帮助贪官逃脱罪责，而是从本质上找到贪官的来龙去脉。当官的本来也是百姓，百姓当了官也会贪赃。如同二进制的基本单元双稳电路的两个输出端，百姓的状态是 0，贪官的状态是 1。如果一个触发信号使双稳态翻转，百姓的状态由 0 跳到 1， 也会成为贪官。贪官的地位变成 0，又会成了百姓。这就是文化。恨贪官的人当了官又会变成贪官，这是世人无法超脱的羁绊。

中华文化的宗教和法律意识比较薄弱，人作为独立的个体不受神和法的约束。对原罪、赎罪和忏悔缺乏充分的认识。共产党提倡无神论，把本来就脆弱的宗教定位非法，于是，除了不能反对革命，不能反对毛泽东思想，人们的思想行为几乎不受任何限制。这也是为什么做坏事的会做到底，贪污腐败的为什么不能回头。基督教对西方文明起到了不可轻视的作用。当然，把宗教理念和法制观念嫁接到不信鬼神的华夏文化也非短期内所能奏效。但这毕竟是文化进化的方向。

人之初 性本善的说法缺乏理论依据，自私自利才是人类的本性。社会制度和宗教的任务是如何调教百姓，合理地给于他们自由发展的机会，保护正当的个人权益。击恶扬善，奉公守法，有错必纠，有罪必罚，赋予人民说话和批评的权利，从而减小贪官滋生的土壤与空间。中国今天的社会已经被贪官们全面控制，癌细胞已遍及全身，中国的百姓失去话语的权利，对贪官文化已经麻木不仁。贪官们像一群桀骜不驯的猛兽，欺压百姓，吞噬着国家的财富。以习近平同志捍卫红色江山的伟大抱负和在职研究生的出类拔萃的才华，清理官场上累积的垃圾只怕是逢场作戏说说而已。

。

联袂导演了 13 年的闹剧

9-22

"1999 年至 2012 年，被告人薄熙来在担任大连市市长、市委书记、辽宁省省长、商务部部长期间，利用职务上的便利，为大连国际发展有限公司及该公司总经理唐肖林、大连实德集团有限公司谋取利益，收受唐肖林给予的钱款，明知并认可其妻薄谷开来、其子薄瓜瓜收受实德集团董事长徐明给予的财物，共计折合人民币 20,447,376.11 元（1 元人民币约合 0.16 美元）。"特此判决无期徒刑。

判决书一开始就确定了这部电视剧的长度，从 1999 到 2012，总共 13 年。这么长的电视剧经过了三代导演之手。在元老薄一波先生举贤不避亲的引荐下，江老爷子作为伯乐"发现"了薄熙来这匹千里宝马；3 年后，胡大总管在和谐社会的高调下，继续栽培提拔了薄熙来这匹千里宝马；13 年后，以不同方式秉承了唱红打黑伟业的习大博士终于长缨在手，制伏了薄熙来这匹千里宝马，把他送进秦城监狱，让他永世不得翻身。至此，伟大光荣正确的党亲手除去了她亲手培育于体内的一颗毒瘤。再一次证明了党大义灭亲的伟大光荣的过去。

共产党整人有个科学的传统，坏人从一开始就是坏的。刘少奇在去安源的路上就成了叛徒，林彪在井冈山的时候就反对过伟大领袖。这次斗倒薄熙来只追查到大连市长，而没有涉及到他联动的背景和进看守所的经历，算是手下留情了。但是人们仍然会问，既然这家伙从 1999 年就腐败了，为什么政治局还要重用他，提拔他，从市长、省长、部长、直到政治局委员、封疆大吏。难道组织部瞎了眼，难道中纪委瞎了眼，难道江泽民和胡锦涛都瞎了眼。当一个拥有无限权力的执政党在抖落出薄熙来 13 载的丑事的时候，他还在骄傲地拍着胸脯说，这事和我们毫无关联。

对薄熙来的宣判实际上是对党的宣判，党和她的代理人根本没把人民的利益放在心里。他们提拔重用一个干部是为了拉帮结伙，着眼于血统门户之见。只要你有家庭背景，只要你听我的话，跟着我走，符合我的利益，不管你多坏，多贪，我都要提拔重用。至于国家和百姓的利益，根本用不着考虑。薄熙来案要是刨根问底，还得找到江泽民的头上。起码老人家有渎职之罪。

至于胡锦涛，他的十年不过是个过渡性的戏班子，没有大戏。背对一群元老虎视眈眈，他能自保 10 年安然无恙已经是莫大的幸运了。不管他喜欢还是不喜欢薄熙来，凭他的实力还不敢把熙来拿下。但是不管怎么说，薄熙来在胡锦涛的十年里做大，胡也有不可推卸的责任，用人失察。起码是身在其位，不谋其政。或者用俗话说，占着茅坑不拉屎。到了胡、习换届的时候，他们才发现，熙来野心勃勃，阴图大位，成了埋在党内的隐患。为了红色江山的万年牢固，不得不忍痛割爱，为弱势的王储清除潜在的威胁。

至于习近平，他和薄熙来有着共同的出身和类似的经历，本来都是铁哥们，按人之常情，应当相互提携才是。习近平把薄熙来判为无期貌似执法严厉，其实倒反映了他缺乏自信和内心的不安。薄熙来仪表堂堂，办事干练，他考进北大，有个实在的硕士，还有获得部分民众拥护的政绩。事事靠走后门的小习则相形见拙，因此不得不把薄踩在脚下。当年曹丕逼曹植七步成诗，如今习近平给了薄熙来的无期。其心肠狠于曹丕。从薄案的判决不难看出习近平色厉内荏、嫉贤妒能的笑面虎嘴脸。对刘志军的重罪轻罚和对薄熙来的轻罪重判，反映了习总顺我者昌 逆我者亡的 7 不讲的人治路线。也看到了他对红色政权的危机感。

从逮捕到审判哩哩啦啦了 16 个月；从审判到裁决，又花了一个月。习近平从一开始就想通过作风给人以清新的感觉。可是他所追求的只是形式，好像一个丑女人换上几身新衣服就变成了美丽。事实证明，他的亲民是假，专治是真。拖延数日的审判漏洞百出，不能自圆。薄熙来的翻供打乱了党中央既定的部署。以至于不得不继续回到暗箱，由政治局的高层，（不是法院，）拍板。刘志军的配合换来的"坦白从宽"，薄熙来的狡辩却落得个抗拒从严。中国的法制还是一条漫长晦暗的路，至少在毛泽东二世，习近平，的 10 年里不会实现。

薄熙来不算好人，但是比他坏的领导还有多少？薄熙来受贿 2000 多万成了无期，今天还在主席台就座的那些道貌岸然的大员们，你们被判无期的日子还远吗？

2014

反贪不忘纵贪人

2-14

习近平主席上台一年，加大了反贪和纠正党风的力度。在王岐山同志的大刀阔斧的砍杀下，老虎苍蝇一起打，贪官们一个个如惊弓之鸟，寝食不安，一个个被接连拿下，绳之以法。被贪官的阴霾雾障压抑了 20 多年的老百姓，终于看到了一点天日，看到了一线希望。在习主席引身作则的带动下，官场风气也大有改观。书记和市长们开始吃包子，乘地铁，甚至洗马路，演绎了一个人民公仆应有的做派和风气。但愿此风不是做秀，从此长久地吹下去，吹出一个干净纯洁的官场和和谐的国家。

然而，反贪刚刚有个开始，反贪能否进行到底，贪官会否被一网打尽，还有待时间的检验。在中国，贪官们根深蒂固，盘根错节，他们合伙掌握着中国各条战线的生杀大权，他们拥有决定谁来接班的权利，他们的子女亲属已经在党政军商窃据了重要的岗位，他们的力量不可忽视。这些人会不会联起手来，做一次拼命的反扑，置之死地而后生？反贪反到什么程度，反贪会在那个级别上画条界线？这还都是尚未可知的事情。总之反贪的情景不容乐观。

　　中国是一个有着10多亿人口的大国，党政工情妇，再加上军队和共青团，大大小小的领导干部加起来恐怕得有几千万人。俗话说"瓜子里嗑出个臭虫，啥人都有"，这么多干部里出了几个、几十个，甚至几百个贪官，都是正常现象，在统计涨落的误差之内，不值得大惊小怪。然而如果贪官的数目在几万、几十万、甚至上百万，这就是异常现象了，切不可等闲视之。

　　毛泽东亲手缔造的党和国家在他死后竟然涌现出成千上万的贪官污吏，这是乃让党和国家从根本上改变性质的重大问题，也正如胡总书记和习总书记反复强调的，反贪关系到亡党亡国的悲剧。面对如此众多的贪官群体，面对反贪的方兴未艾，人们不禁要问，中国为什么会在短时间里出现了这么多的贪官？是谁培育和纵容了这么多贪官。因此，仅仅把贪官一个个捉拿到光天化日之下，还不能说是反贪的最终结果。因为产生贪官的根子还没拔掉，因为导致癌症扩散的元细胞还没有挖出来。

　　20多年来，在党的最高领导机关里居然连续揪出了陈希同，陈良宇，薄熙来等高官。按理，这些人应当是久经考验最值得党和人民信任的优秀党员。可是他们却堕落成党的敌人，国家的蠹虫。他们的问题一般都不是出在定罪的当年，而是数年，甚至几十年之前。人们不禁要问，是谁把这些贪官最先推到领导岗位？是谁在他们做了坏事之后不闻不问？

是谁还一步一步地把他们官阶提高？是谁包庇了他们？是谁，纵容了他们？

不能难看出，在我们抓出贪官的时候，已经发现了贪官的上层管理者、任命者出了问题。党和人民把一个人推崇到最高的领导岗位，享受最高的待遇和荣誉，他就应当尽心尽力，完成党和国家交给他们的重任。然而，这些多如牛毛的贪官是在他们眼皮子底下成长壮大起来的，这些最高长官没有监督检查他们的工作。

如果他们说不知道这些丑事，那叫玩忽职守；如果他们知道了这些丑事，还放任自流，他们是包庇纵容。如果他们直接参与了贪污受贿的活动，那叫罪加一等。如果他们洁身自爱，对贪官却不管不问，在其位而不谋其政，那是对党和人民的懈怠与不忠。不管怎么说，这几个最高领导的身子也都是不干净的。反贪的最终结局必须要清算这几个最高领导，如果不彻底清算，如果不制定预防的措施，这些脑满肠肥碌碌无为甚至参与犯罪的领导还会再次掌握大权，贪官们又会重新出现。

中国的领导干部实行推荐制，在这种制度下，难免会有人任人唯亲，结党营私，于是，贪官们会像落花生一样，一刨就是一嘟噜。反贪的真假在于是否会揪出这嘟噜花生的根子，不除根则不能彻底反贪。留着根子，就是留着贪官再生的根源。此外，为了使官场永葆清廉，应当更改干部制度，选用百姓拥护的能为人民办实事的官员，而不是局限于血统和门第。对官员要实行检查管理的制度，哪怕是最高长官，一但出现问题，立即处理或弹劾。如有包庇纵容者，罪加一等，移交法院。

在反贪过程中应当像毛泽东主席那样，依靠群众，相信群众。群众是真正的英雄，他们会积极支持党和国家反贪的行动。如果把反贪仅仅当成中纪委少数几个人的秘密任务，犹如大明的东厂，反贪的工作面很难展开，其结果是纪委手忙脚乱，百姓传递谣言，弄得鸡犬不宁，社会不安。贪官们不能代表党，党如果和人民群众一起联手反贪，只会加深人民对党的信任。如果没有人民群众的参与，反贪很难进行到底，因为贪官一多，领导们就会担心党的威望，中纪委也自然会手软，适可而止，让反贪半途而废。

中国的官和法一直是连在一起的，官就是法，法就是官。因此法律成了贪官们自保的工具，他们利用法律包庇自己和自己的同犯。法律像一把尺子，不管你去度量桌椅板凳，还是高楼大厦，尺子的刻度是不变的，这样的法律才是公正的。如果老百姓犯罪进法院，当官的犯罪进中纪委，那则是对法律的亵渎。

中纪委已经存在多年，面对这么多的贪官污吏，中纪委已经告诉人民，这个机构是聋子的耳朵，配头。这个机构在管理干部的职责上是软弱无能的。贪官犯法应当被直接送到检察院和法院，没必要经过中纪委这么一个保温层。在法律面前，没有官、民，只有有罪还是无罪。中纪委的职责是管理党籍，它不能取代国法。处分违反党章党纪的党员是它的职责。但是检查和审判贪污犯则是法院的职能。中纪委的强大权力恰恰表明中国在法律上的不足和漏洞。

积重难返，面对多如牛毛的贪官，反贪的形势严峻，不可等闲视之。反贪、防贪是关系到人民利益的大事，不是红墙里的烛影斧声，光靠习近平总书记和王岐山书记的铁腕和铁面，很难在短期内取得丰硕的成果。如果调动起人民群众的积极性，让他们踊跃地投入反贪防贪的巨大工程，反贪的斗争才会卓有成效，形成一个廉洁奉公的官场，为国家和人民兢兢业业地贡献者自己的力量。

一党制是皇权制的遗传变异

3-17

孙中山先生领导的辛亥革命废除了延续数千年的帝制，中国本来应当借机走进以三民主义为基石的民主共和。然而一不小心，却让列宁先生发明的无产阶级专政的一党制乘虚而入，取而代之。中国之所以能够从封建社会迈进到一党专制自然也有历史、地理和人文的原因。

　　从近代历史的发展趋势来看，多党竞争的民主制度相对于封建系统有许多优越性。诸如人权、平等和自由竞争。这些先进的治国的方略能够最大限度地调动人民的积极性，充分发挥创造性，给社会带来相对的公平、稳定与繁荣。政客们也必须按照既定的法规行事，他们的权力会受到民主制度的制约。在任期结束后他们又会复原为一名普通的百姓，无法形成一股干扰现政的元老阶层。他们的子女也不会利用特权和关系去谋求家族的私利。

　　尽管民主制度在几百年间里逐步完善并且展现出了生气勃勃的活力，但是它却很难在中国实现。归根结底还在于历史，几千年的封建制度使得旧传统在上层和百姓当中根深蒂固。统治者习惯于一个人或几个人大权在握，指点江山，而百姓们则习惯于山呼万岁，盼望救星，俯首称臣。因此，即使当民主制度擦身而过的时候，他们也会借助惯性，把它抛起。然后搭趟便车，重新回归到传统的独裁专制的轨道。恢复一个贴上新的标签的古旧的制度。无产阶级专政的一党制恰恰填补了这个空白。

　　中国在大革命之后能够进入相对稳定的一党制度的主要原因是一党制和皇权制具备很多类似的属性。皇权制的建立靠疆场的征杀，扫荡狼烟，从而建立以一姓为主的皇天乐土；中国的一党制则靠武装革命夺取政权，让打江山的来坐江山。在政权的建立途径上，一党制和皇权制没有根本的差别。所以它容易被一个在封建主义的泥潭里挣扎的国家所顺理成章地接受。

在皇权社会里，皇帝据有最高的地位和绝对的权力，被誉为天子的皇帝和皇家乃是国家和百姓的主人。在一党制的社会里，党和党的领导人占据着最高的地位和享有绝对的权力，党和党的领导人成了主宰国家和百姓命运的当然主人。然而在一个多党协作的民主社会里，没人能拥有绝对的权力，没人能够凌驾于法律之上。政府官员需要经过公民的选举，公民有监督政府的权利。于是民主和封建这两种制度的差异犹如天壤，它们之间很难产生自发的过度。

用数学的语言说，如果把国家的权力表示为 Q，那么在皇权制度下，皇家无偿占有所有的权益，其份额可以表示为 Q/1，1 代表皇帝一姓一家；在一党社会里，党和党的领导人所能分享的权益则是 Q/N，N 是进入权力中心的几户紧握党权的政要；在民主社会里，国家的权益属于人民，每位公民的份额是 Q/∞，∞代表占据多数的人民。因为有限的数字 N 更接近于 1，所以从数字上分析，一党制更加靠近皇权制，也可以被看作皇权制的遗传变异。

从物理的角度，可以把多党的民主制和皇权制看作两个不同的能级，而一党制则是介乎两个能级之间的一个亚稳态。这个亚稳态距离皇权制的基态能级更近，在二者之间产生越迁比较容易。碰巧，1917 年十月革命的一声炮响，送来一束能量不太高的光子，把一时找不着北的中国激发到这个亚稳态上。但是从一党制越迁到多党制则需要积累更多的能量，几率更小，难度更大。因此对于一个封建制度古老而又健全的国家，这个亚稳态的寿命可能会持续一段相当长的时间。

尽管马克思主义是放止四海而皆准的真理，但是它却不能在自己的出生地生根长叶开花。因为在那那个世界里，它遇到了强大的天敌，资产阶级。马克思主义之所以能在俄国和中国建立两座庞大的试错实验室，也正因为在那里，资本主义势力十分薄弱，马克思不会遭遇到毁灭性的天敌，就像有好事者把袋鼠带到广袤的澳大利亚。马克思和列宁的门徒把他们自己标榜为工人和农民的代理人，打土豪，分天地，这些口号在一个贫瘠落后的国度自然会引发众多贫民的响应。于是在他们的支持下，共产党能够打败相对弱势的代表民族资产阶级的国民党，营造出一个所谓无产阶级的一党专制的社会。

由于革命的领导人自己也是从封建的泥土中发育成长出来的，因此他们会自然地把封建的胚芽嫁接到马克思这棵大树上，形成一个封建加共产的不伦不类的混合体。有时连开国元首的传位也会挂上强烈的帝王色彩。如果元首有一位懂得四则运算的儿子或弟弟，那末他的宝座会由自己的龙体血脉继承，如今日的朝鲜和古巴。如果这位元首没有一位懂得四则运算可以依赖的儿子，那末他的宝座则留给他钦点的办事放心的接班人。至于其他的公侯将相，也会一人得道，鸡犬升天。他们的前辈争夺到的特权和地位也会逐代薪传，享荣不尽的荣华华富贵。

一党制和封建社会的共同特点就是领导人至高无上的权力和地位。因为这样的制度不允许社会舆论的监督和批评，所以最终政府官员将会沉缅于吃喝玩乐和贪污腐化的恶习，而且会越演愈烈，放纵不羁，直到贪污腐化的歪风一发不可收拾。自私是人类的本性，绝对的权力会使官员们私字泛滥，自甘堕落，形成一个黑暗龌龊的官僚群体。

相对于一党制，人们常会提到西方的多党制。其实这两个制存在一个根本的区别，那就是一党制是名副其实的一党的专制，而西方的多党制在实际上是没有党的专制。不同的党派只在大选期间推举自己的总统候选人。为了竞选的成功，他们会筹款，召开貌似松散的代表大会，鼓吹自己的方针政策，从而争取选票。但是，总统的宝座一但决出，党，不管是执政的还是在野的，都会躲到舞台的背后，销声匿迹，留给总统或内阁足够的空间和权力，放心大胆地推行他们的治国大计。

一党专制的国家，国家的命运和财富完全由党来支配，从国防到经济建设，从私有制到公有制反复的翻转，以至民间的舆论报纸，生育人数，百姓的产权，都得由党来决定。领导一个国家本来有个政府就够了，一党制为了保护党的利益和权力，还得在政府之上再加上个党中央，党委和党支部，这些多层的重叠领导机构自然会增加国库的开支，也增加了百姓的负担。

这些派驻外省的党务官员在职则上相当于皇帝的钦差，只不过后者是为了处理特殊事件由皇帝临时安排的，而前者却是永远常驻的机构。由此看来，一党制乃是不折不扣更加臻于完备的专制，它给社会造成负面结果也自然可想而知。政府官员已经是党的人了，但党对他们还是不放心，还得派一批党务官员去督察他们。由于党政机构的重叠臃肿，自然也会形成一批无所事事以全谋私的贪官污吏。

一党制在中国已经运作了 60 多年，人们不禁会问起这个制度的合法性与合理性。合法性的硬件成分无疑就是枪杆子里边出来的政权以及党指挥枪；软件原因应当是伟光正。既然党永远伟大光荣正确，为什么不让他来领导。合理性大概是这个制度符合历史的过渡和国情。设想如果中国明天早晨一下子宣布民主制度，压抑了几千年的百姓会像拔掉活塞后的理想气体的分子，争先恐后地去充满所有的空间。最先出现的问题将是食品的安全，交通的混乱以及堪忧的社会治安。民主思想的建立需要一个相当长的过程。

从封建制度演变到民主制度不会像茉莉花开那样简单轻易，它不但需要广大人民群众具备民主社会的觉悟和意识，也需要一个强健有力的资产阶级。改革开放造就了一大批堪称大款、大腕的富翁们，但是他们不过是利用关系或冒险精神破土而出的暴发户。他们对钱财重视不过是为了炫耀和物质享受。他们所关心的是个人的安危和财富的保障。他们不具备资产阶精英们的远见卓识。他们在钱财到手之后首先想到的是如何传递给子孙，如何转移到海外。他们宁可投资移民到西方去享受现成的民主制度，也不愿意为自己国家的民主化而作出贡献。

和多党竞争的民主制相比，一党制有许多自身无法克服的弱点。遗憾的是，一党制更加接近中国几千年来的封建传统，统治者不愿意释放手中的权力和利益，被统治者也不想冒着牺牲的危险去为民主事业而争斗。因而不管人们愿意与否，中国的社会会在一党制的框架里还会徘徊很长的时间，五十年，一百年，WHO KNOWS？。

在大革命时期，国、共两党都曾涌现出一大批仁人志士。他们远渡重洋，为了祖国的复兴去寻求救国的真理，有德先生，有赛先生。然后回来为实现这些真理而前赴后继不屈不挠地奋斗。经过解放后多次政治运动的冲击，国人的精神面貌、道德风尚远非昔日可比。

在故国崛起的新时代里，人们沉浸于好大喜功的骄傲与浮躁，举国上下看不到一股资产阶级精英的热气。执政党也明智地把民众的视线转移到房产、汽车、和子女的起跑线，以及钓鱼岛的主权。一部分进入小康的百姓不会以牺牲眼前的幸福去兑换 UNCERTAIN 的民主和人权，而那些在贫困线上操劳的二类子民则在想方设法去获得一纸在高楼大厦里的永久居留。在这样的氛围里，自由民主再美好，它也是海市蜃楼，可望而不可即。至于为数不多的自由民主的鼓吹者和拥护者，可以使用电视剧里的一句套词，皇上不急，太监急。

如果当初没有 10 月的东风，如果蛇年里没在韶山升起一位救星，中国的历史或许会改写，或许能如台湾一样歪歪斜斜的被扶上民主的大路。可历史是严酷的，它不容许如果。

一党制好不好？简单地回答是不好。可那是我们的前人几十年浴血奋战用钢铁打造的营盘，又靠几百万军警维持的制度。你想甩也甩不掉，只好寄希望于执政精英的觉醒。有那么一天他们会像苹果树下的牛顿，忽然感悟到人民和民主的重要性。遗憾的是中华自古出男儿，男儿有泪不轻弹。

一唱雄鸡天下白，万方齐奏有于阗。显而易见，这个举国欢庆的日子恐怕还十分遥远。

从历史和现实不难推测，中国还会在一党制这个亚稳能级上逗留一段相当久长的历史时期。无疑，这种猜想对统治者来说是一颗定心的安宫牛黄丸。不管是苍蝇还是老虎，都可以安安稳稳地睡好觉，大大方方地为子女和家族争权牟利。至于想从改革开放捞到一杯羹的平民百姓也大可继续看楼盘，摇车号，砸锅卖铁，把孩子送到海外留学，早日跻身到中产的行列。对他们来说，美好的日子才刚刚开始。

为什么要坚持一党制

12-27

面对西方几百年的民主共和，为什么中国非要坚持一党制，坚持无产阶级一个阶级的专政。显然一党制有许多优点。

首先在一党制下，执政党没有竞争对手，没有监督的机构，行政效率高，办事速度快。像三峡或南水北调这样巨大的工程，在多党的民主国家，十年八载也吵不完。然而到了中国，领导一发话，再找几个科学家从技术角度论证工程的可行性，破土移民，说干就干，而且政治项目可以不计代价。这不得让美国总统羡慕。

一党制下不存在问责，党做的对还是错，百姓都只能说正确。那些代表大会的参加者都是党指派的忠诚的儿女，他们只说正面的话，赞扬党如何伟大。反右、大跃进、四清、文革产生了恶劣的后果，但是没一个代表发话追查否定。如果民间有不知天高地厚的责问两句，就会把他抓起来法办，施行专政。

在资本主义国家，政府犯了错误，议会会来审查，政府的人必须站出来承担责任并给百姓一个交待。美国大使在利比亚被杀的事，国务卿希拉里必须经受国会的质询甚至谴责。在一党制下，政府不管做了多大的错事，都没必要站出来承担责任，没有义务给百姓一个交待。三十年里，出现了多如牛毛的贪官，可执政党照样干净清廉毫发无伤。

在民主国家，每隔几年就要选举，多党之间相互竞争，宣传各自的方针政策，争得选民的认可。在一党制国家，老百姓无权参与选举，谁上谁下都由领导人说了算数。

在民主国家，假公济私是可耻的，贪污受贿是犯罪行为。在一党制国家，高层领导可以连续10几年做各种坏事，但是没人监督制约，也没人揭发检举，于是他们可以轻易逃避法律制裁。

在民主国家，执政的一党必须处处小心，聆听个方面的意见，否则人民就会对它失去信任，四年后，另选他人。在一党制国家，执政党独一无二，没有替代。他们可以随心所欲，为所欲为。可以没收百姓的财产，可以把知识分子打成右派，可以把农民赶进公社，可以让教授科学家教授住进牛棚。SO WHAT？干得好干得坏，都只能听我摆布。老百姓服服帖帖，没人反抗。所以执政党可以骄傲地高喊他们的党万岁。

在一党制国家，政府控制着所有的宣传机器，它们是党的喉舌，在任何阶段只能宣传党的方针政策，尽管今天的政策会对抗昨天的方针。在民主国家，电视、广播、报纸成了人民的眼睛和喉舌，他们虎视眈眈地盯着政府，一旦有人贪腐，有人堕落，马上毫不留情，公布于众，让他们无处藏身。要么自己辞职，要么给公民们一个解释，求得谅解。一个州长贪污了10几万，经法院判决，照样蹲进大牢。在一党制国家，法院是为人民而开设的，只管百姓里的坏人。当官的享有中纪委的呵护，犯了罪行，先来个双规或双开，一般不会直接送交法院。

在一党制下，最高领导人可以凭借自己的好恶培养制定接班人，必要时，可以把权力传给自己的子孙或同僚的后代。第一确保执政党顺利地交替延伸，第二培养自己信任或同伙的人可以保证自己或子孙的日后安全。

多党制国家，戏台固定，戏班子流动。而且观众是剧场的主人。唱得好，观众叫好，唱不好，观众可以把他们撵下去。一党制国家戏台固定，戏班子也固定。而且唱戏的是剧场的主人。唱得好，观众叫好，唱不好，观众也得说行。谁要说不行，谁就是反革命。

一党制国家是一盘没有固定规则的象棋，执政党是红方，老百姓是黑方。红方可以违背马走日象走田的规矩，因此他们从来不会悔棋，因为他们所走的每一步都是绝对正确。老百姓要是不自量力，起而叫板，立马会被双车错或卧槽马将死。红方的相、士就是官吏，红方的车马炮就是军队武警，红方的兵卒就是城管。他们随时会冲破界限到黑棋的一方随意抓人，并绳之以法，他们自己制定的管理法。

显然，对醉心于永远执政的人或党派，一党制是最佳的选择。当然，维持一党制也不是容易的事，必须有足够的军警武装，有大批的官吏维护，才能付诸实施。中国几千年的封建统治为一党制提供了宝贵的经验，中国的老百姓也已习惯于被人管治，窝囊怕是，只能盼望一个好皇帝，对一党制没有反感。所以一党制能在中国能够经久不衰，傲然屹立。

2015

中美问题的症结

9-19

中美两国地大物博，人口众多，而且相距甚远，本无利害冲突。自满清到民国，中美基本能够友好相处。抗日战争时期，美国给与中国大量的军事和经济援助，派飞虎队前来相助，他们投掷的两颗原子弹也在客观上解脱了中国战场的压力，促使日本投降，早日结束八年的抗日战争。

其后，美国又在两党之间斡旋，希冀停止内战，美国代表也去过延安，美国记者也宣传过毛泽东和他的根据地。

中美关系的破裂起始于建国后毛泽东采取了一边倒的对外政策，中国义无反顾的投入到以苏联为首的社会主义阵营，并且提出了东风压倒西风的口号。继而毛在中美之间树立起一块铁幕，莫名其妙地把美帝国主义当成世界人民最凶恶的敌人。

谁会想到60年代，中苏两党从兄弟转化为仇敌，社会主义阵营分崩离析。于是中国不得不面对两个强大的敌人，美帝和苏修。以致时任外交部长的陈毅元帅气势汹汹地强调一个屁股，两个拳头，一拳打美帝，一拳打苏修。

1972年，毛泽东意识到要走出外交的困境，必须有破冰之旅。于是借乒乓球为引子开启了中美之间的铁门。美国总统尼克松继而踏上共产中国的领土，一东一西的两个大国开始化敌为友，相互走动，直到1978年建交。

改革开放之后，邓小平深知中国需要美国的资金和市场，故而加强了中美间的多方面的联系。中美关系在江泽民和朱镕基主政的十年得到了进一步的发展。尽管南海撞机事件和驻南国大使馆轰炸，两国领导人妥善地相互让步，没让中国和美国的友好关系倒退。从个人来说，邓小平和江泽民都在早期把儿子送到美国留学，此举成为中国学生留学美国的开端。当然，有时候江朱对美国有点献媚，比如江在美国政要面前高唱我的太阳。朱镕基一下飞机就对美国人说，我给你们出气来了。但这无损于中美合作的大局。

到了胡锦涛，虽然对外继续保持韬光养晦，但对美关系已经逐渐疏远。一来因为对待异见人士的分歧。刘晓波获得诺奖之后，胡总雷霆大发，对刘严加看管，不许外出领奖。同时，对挪威奥委会发难，恨不得置之死地二后快。二来，在奥运火炬的海外传播中，丢了颜面。三来欧巴马在中国东大门黄海海域搞联合军演，增加了两国间的对立情绪。

在接班之前，按惯例，在 2012 年，习近平副主席作为王储年来到美国增进了解。有三件事表明习当时注重中美关系。一来他选在情人节期间访美，二来借用唐僧取经的主题歌，路在脚下，三来提及太平洋之大难道容不下中美两国。访美期间，习大 show 亲民形象，活动频繁。而且他和副总统拜登似乎建立了良好的私人关系。显然他在预先释放一个中美友好的信号。

然而出于国情的变化，于接班之际，贪官蔓延，民怨鼎沸，再加上薄熙来之大案。胡习同时意识到亡党亡国的危险，在他们的接交仪式上，二位最高领导人都提出了西方亡我之心不死，不走邪路，开始警惕美国制度对中国的潜在威胁。继而又提出三自信，五不搞，七不讲，抗衡美国和西方所代表的普世价值。

显然，对美国的有意疏远的政策不仅是因为两国制度的差异，而且因为有人恐惧美国制度对中国的影响，怕百姓认同民权民主，从而对政权的合法性提出质疑。这才是中美关系的症结所在。也是中央对美政策翻转的起因。

从个人的角度，政治局和高级领导人对美国不仅没有偏见，而且羡慕美国的文化、生活和科学教育。因此，一窝蜂似地把子女甚至孙子送到美国，而且进的都是常春藤一类的名校。希望他们的后代在美国读书后，有更辉煌的未来。但是从政权的角度，他们又怕美国的和平演变越演越烈，最后摧毁现存的独裁制度。

在被逼无奈的形势下，习主席只好重新拾起冷战期间意识形态的方略，联俄抗美。尽管实际上，中美之间的利益更能久远，而与俄国的关系　不过是互相利用，权宜之计。中俄间有领土纠纷，绵长的国境线也曾有过大军压境的威胁。从国家利益出发，这无疑是一步险棋。但为了维护执政党的利益，消除西方的干扰又是必要的手段，对统治者而言，这无疑又是明智之举。由于自身的经济问题，与北约东扩的争执，以及乌克兰克里米亚骚动，普京总统已经焦头烂额，他正需要一个强有力的合作伙伴，于是与意识形态为上的习主席一拍即合。

在胡习接班的时候，经过几十年的改革开放，中国的GDP 已经跃升到世界第二，外汇储备雄厚，经济发展持续。加之军费增加，武器更新，中方有了和美国分庭抗礼的本钱。这种经济实力也鼓励了习主席疏远美国的决心。

从麻辣火锅到金钱外交

9-29

有一次，儿子要带我们去吃晚饭，我因肩膀疼未能同往。他们带回来的打包菜里有水煮鱼，烤腰花儿等。水煮鱼上密密麻麻地遮盖着一层 4 毫米一段的干辣椒，一片红色；至于那些腰花儿，既没有切成片，也没有斜刀片起的横纹。拿起来一骨碌咬了一口，全是孜然、辣椒粉和胡椒面的味道。我立马说，这一定是懒厨子的作品，为了让食客尝不出猪腰子的骚味，用强悍的佐料把你的舌头麻醉，让你干脆不知道在吃啥东西。开车一个小时花 70 块钱去吃这样的饭菜，值吗？

我不是四川人，没有权利对他们的饮食习惯评头论足。但是把他们的麻辣火锅向全国推广，就有点强人所难。俗话说，南甜北咸，东辣西酸，本来各地有各地的口味。如今电视节目大肆宣扬麻辣火锅的确过分。因为大凡麻辣的菜肴，厨子都有可能偷懒耍滑，他在菜里放上大量的辣椒和胡椒还有花椒，麻辣得让你张嘴哈气吐舌头，出一身热汗。你自以为在享受佳肴美味，实际上已被厨子戏弄。

习大大访问美国的前前后后，CCTV 报道集中，鸣锣开道，回避肃静。有时 30 分钟都是关于习大大的消息，大概中国这些天碰巧平安无事，没有新闻。让习大大独占了花魁。一分不花，能把电视台包养下来的气概大概又是中国特色。

外交是两国之间的友好往来，彼此沟通，和平互助，政策调节，包括相互间以协商的方式解决争端或矛盾。国事访问应当以全面涵盖政治、经济和文化，达到持久发展的目的。今天访问已经结束，CCTV 紧锣密鼓的宣传也将告罄了，但我们伸出舌头，稍加回味，尝到的不过是金钱发散的铜味。

像从美国购买 300 架飞机这样的事情，没必要非得麻烦国家元首亲自操办，把这样的大项目放到访问日程中，无疑是想用 300 亿的价钱去弥补政治上的不足与欠缺，去讨来美国商人的几声喝彩，同时让美国的政客们麻木得感觉不到两国的分歧和争议。

习主席在联合国宣布，为发展国家提供 20 亿美元援助；而且免除许多不发达国 2015 年政府间的无息贷款债务。他又一次把金钱当成固体燃料，发射了一颗让那些小国屈膝下跪的卫星。

除了七项承诺，习主席还提出了富有国际主义精神的 600 个减贫项目，包括 100 个农业合作项目，100 个促贸援助项目，100 个生态保护和应对气候变化项目，100 所医院和诊所，100 所学校和职业培训中心。

我们虽然不知道每个项目耗资多少，但肯定不是一元店里的商品价。如果是的话，那么 600 个项目不过才需 600 块钱，再穷的百姓都愿意当回体面的好人。600 元的援助岂不成了假心假意，糊弄穷人。如果每个项目都要 100 万美元，那么 600 个项目则是 6 亿美元。这恐怕还是保守估计的下限。

总之，习主席的这次访问把金钱当成了辣椒皮、胡椒粉和花椒粒，既可以说是一次金钱外交，也可以说成是一餐麻辣火锅。他用大把的钞票把被访的对方和第三世界麻辣得找不到北，在晕头转脑的情况下称赞了中国的慷慨和伟大。

可惜这碗麻辣佳肴是为外国人准备的，自己家里的人还得面对高挑的房价、昂贵的学费和没钱别去的医院，继续勒紧肚子，过紧巴日子。那些山村的小学生还得照常在破瓦寒窑里上课，身体羸弱，面带菜色。

有人埋怨美方对这次访问宣传不够，故意贬低贵客，其实这种言论有点强加于人。第一，美国政府没有自己掌控的电视台，不能下令私营的 NBC 或 CBS 要上什么节目；第二，美国人对国家领导人，不管是外国的还是本国的，都没有崇拜心理。欧巴马可以在一个孩子面前躬身 90 度，也可以在快餐店里让人抱起来求张合影。这些领导人承认他们也是凡夫俗子，无法弄到一纸在职的学位，故而没啥高明之处。他们是人不是神，国事访问不过是他们分内的工作。就像开出租的在路上拉客，就像肯德鸡的服务生为顾客炸鸡翅。

他们哪儿能比中国拥有的 CCTV，访问几天前就开始连篇累牍报道习主席的行程和伟大的历史意义。那种激昂的情怀叫人感到一种对美帝国主义过分的倚重和献媚。访问中，党办频道还把所有的消息关闭，严格按照江青同志当年的指示，突出中国最主要的英雄人物，习大大。同时让国民充分分享美国人奏义勇军进行曲和为总书记放 21 声礼炮的莫大殊荣。

一个国家对外的关系主要靠的应该是自身的制度与信誉，经济援助次之。你看看周边的那些友邻，从虎视眈眈的俄罗斯到深仇大恨的日本，再到耗子添猫须的菲律宾和越南，有哪一个算得上善茬。就连中国亲手奶大的金三都要时不时地做个鬼脸儿，跟你叫份儿，让你哭笑不得。这样困难的外交处境如果一律靠金钱私了的话，中国崛起得再高也迟早会被压垮。

习主席的自信

10-1

习近平主席上台以后誓言反贪，再加上他的红色血脉和一表人才，赢得了百姓前所未有的爱戴甚至崇拜。他强调了"理论自信，道路自信，制度自信。"让国人在党的领导下欢欣鼓舞，感到骄傲。

然而我们发现这么伟大的人物居然不相信自己的女儿。自从他做了总书记后，她的女儿叫什么名字，在什么地方，做什么工作，一概成了国家机密，无人知道。市井留下的只是道听途说，胡乱猜测。

国家领导人，甚至领袖级别的舵手，也都是食人间烟火的凡人。他们需要家庭，有父母，也有儿女。美国人在竞选的时候还会特意打出亲情牌，竞选人让他们的夫人和儿子或女儿，陪伴左右，虚张声势。给选民们一种亲切感，不会觉得这家伙冷面无情，四亲不认。

比如克林顿的女儿帮助母亲竞选，她到英国读书，做什么工作，媒体都会时有报道，甚至批评。

副总统拜登的儿子英年早逝，媒体也有报道，赢得民众的同情。他的沉痛表明他是一个慈爱的父亲。人民也深切同情他们的第二把手遭遇的不幸。

乔治-布什的一对同胞女儿随同总统父亲四处访问，甚至去北京参加奥运。没人觉得别扭，因为总统也需要个家。媒体也经常报道他的爸爸、妈妈和他的女儿。

即使把镜头对准中国，毛主席的孩子、侄子虽然不那么公开，但也没那么神密。大家都知道当初军报总编肖力就是他的女儿小李，还知道他在哈军工读书的侄子毛远新。

邓副主席的儿子去罗切斯特上学，没有隐名埋姓。江主席的两位公子虽然身居要职但也时或见诸报纸。胡锦涛的一儿一女虽不活跃，但是也不那么躲躲藏藏。

不知道为啥，到了习主席上台以后，中国的公主忽然在人间消失了。有的说她还在哈佛，但姓名已改；有的说，她按老爹的要求回到中国；还有的说她就在访问美国的代表团中。

天哪！您能不能在三个自信之后再加一个自信，相信你自己的女儿，相信美国人民会欢迎你的女儿，相信中国百姓会爱护他们的公主。

好说大话的习主席这是怎么着了？吞吞吐吐，扭扭捏捏，前怕狼后怕虎，居然让宝贝女儿不知去向，无影无踪。但愿主席夫妇知道公主的电话号码，经常保持联系，关心习大千金在战火中的成长。

中国的百姓向总书记问安时说一句话："您的女儿好吗？"恐怕不算过分。但是您有回答的勇气吗？你会说出她的临时用名吗？您会告诉她大致在那个方位吗？总书记当到这份儿，对自己成年的女儿遮遮掩掩，吱吱唔唔，您就不觉得缺点什么吗？

除了第四个自信，相信自己的女儿，政治局的领导们还需要一个自信，那就是中国的教育水平。我们的方针是教育为无产阶级政治服务，你们不把孩子放到清华北大，却扔进资本主义的哈佛耶鲁，你们如何让自己的臣民去相信自己的教育制度？啊？

2016

毛邓习礼赞—历史的丰碑

3-4

金猴奋起千钧棒，玉宇澄清万里埃。今日欢呼孙大圣，只缘妖雾又重来。

上世界 60 年代末，伟大领袖毛主席伸开巨臂，把无产阶级文化大革命推向一个新的高潮。胜利地召开九大，树立了林副主席接班人的光辉形象；建立了革委会，除了港、澳、台和钓鱼岛，实现了全国山河一片红。手舞足蹈喊万岁，敲锣打鼓唱文革。

然而不得不说的是，此刻的中国在国际舞台上却举步维艰，妖雾重重，面临着一场险峻的考验。世界上仅有的两个超级大国，美帝、苏修，像两把巨大的钳子，一左一右卡住中国的项颈。

伟大领袖临危不惧处乱不惊，沉着应对。他提出了英明的战略口号"深挖洞，广积粮，不称霸。"他老人家领导 7 亿人民从困境中走向胜利。整个北京伴随着机关拆迁内地的一号命令，开始挖洞，抓革命，促生产，备战备荒为人民。遗憾的是由于主席深重的农民背景，经济一直没搞上去，粮积累得不多，国库也捉襟见肘，三十斤的定量挥之不去，副食供应继续凭本。客观地讲，在那个时代，"不称霸"不光是无可奈何的被动语态，更是审势度势的正确判断。

主席不是不想称霸，而是时机未到，无力称霸。当时的北京已经成了世界革命的中心，起码在意识形态上，中国已经取代苏修，单独地挑起了马克思主义的重担。而且，有朝鲜、越南、阿尔巴尼亚这样志同道合的好朋友，要说社会主义阵营的中流砥柱，伟大的祖国当之无愧。

主席歇手之后，忠诚于他的革命战友邓小平同志为了永不翻案，首先扳到了让毛主席放过心的接班人，老实厚道的华国锋。然后在四个坚持的原则下，邓老开创了经济战线天翻地覆的大变革。他鼓励黑猫白猫一起出来，他充分调动了革命后代的积极性，当官发财，敢打敢冲。他又以香港为样板，建立了深圳特区。如果说毛主席是红色江山的奠基者，那么邓大人则是改革开放的总设计师。

几年的工夫，中华崛起了，革命后代的腰包鼓起来了。大款大腕如雨后春笋，破土而出。高楼大厦摩肩接踵，高铁快铁应运而生。在政治上，邓老高瞻远瞩，以无产阶革命家的伟大气魄和铁腕，不惜一切代价，迅速扑灭了美帝国主义蛊惑的一次挑衅，让共和国的旗帜继续飘扬在天安门广场。尽管他老的双手染上了年轻学生的鲜血，但是他保住了革命先烈打下的红色江山，功不可没。

第二部曲的作者邓小平以伟人气魄和智慧，把一个崛起的国家推出世界民主之林。奇迹在一个晚上发生，中国开始金银满舱，纸币成币，国库充盈，粮票废除，美债在握。那些率先富起来的一部分幸运者，也荣享起吃喝玩乐纸醉金迷的浪漫人生。

由于邓大人年事已高，加上 GDP 的增长还有个每年 8% 的速度，他来不及完成称霸的伟业。只好提出对西方韬光养晦的权宜之计。为此，他不惜把亲生儿子送到美国作了人质，还生了个美国孙子。为让美国放心，加强友好合作，一方面吸引他们到中国投资，一方面让他们为中国提供广阔的市场。中国的崛起离不开美国的配合，中美两国开始成为蜜月中情侣。

如果说毛主席完成了深挖洞，那么邓小平则开始了广积粮，这只是伟大的泽东三部曲的前两部。

革命自有后来人，接踵而来的是风流倜傥的江主席，他提出了三个代表；温文尔雅的胡书记又提出了科学发展观，读书实践。尽管他们受过全面的高等教育，可惜他们的身上不曾流过红色的血液，故而只能是临时的过渡。

东方又红，太阳又生，中国又出了个奇人习泽东。他为人民设计梦啊呼儿海呦，他是咱们的二救星。

2013 年，又一个历史巨人习近平同志成了领导核心，他开始为 14 亿人民掌舵。他甫上台，就开启了一个全新的局面，亲民干练，目光犀利，说话严谨，霸气纵横。

他先到深圳参拜邓副主席，继续他开创的经济飞跃。继而又到西柏坡，探寻革命的源头。习主席以红色建班人的特殊身份向世界宣告，他要踏着前两部曲的脚步，完成第三部，称霸。为此他提出了中国梦和民族复兴的响亮口号。毛挖了洞，邓积了粮，要钱有钱，要物有物，时机成熟的现在把称霸的使命加到了他的肩上。他要做汉光武刘秀，他要讥笑满清的康乾，他要承继起主席和小平的遗志，让中国男儿的超高频电磁波震荡世界。继抗美援朝、大跃进和文革之后，中国又充满了阳光和希望，人民又寻到了指引他们的北斗七星。

在他领导的三年里，人民住进了金贵的高楼，开上了宝马奔驰，享受着高档的医疗。他还带头把独生女送到海外读书，以便将来埋葬帝国主义的老巢。

在国内，习主席四处访贫问苦，看望太行山穷得无以复减的老农。体现了亲民作风。尽管革命胜利几十年了，老农们还保留着贫下中农的本色，尽管物质生活低下，习主席的光辉给他们带来了精神的升华。49 年前他们是被压迫的奴隶，49 年后他们是不再受压迫的主人，继续着贫穷落后的命运。然而正是那些残垣断壁破瓦寒窑使他们保持了艰苦朴素的光荣传统。习主席和贫下中农促膝谈心，问寒问暖。村民们含着感激的泪花，手里拿着支贫的百元大钞，遥望着习主席强健的背影。

除了和记者面对面寒嘘，他还亲自到庆丰包子铺，和革命群众坐在一起，研究包子的味道和营养。促动了成立包子学院的建议，让 14 亿人民都能吃上习主席吃过的包子，庆祝丰年。

为了让西方没话可说，新领导班子一成立，他就在党报上介绍 7 常委的经历和事迹。其内容其方式远远高于西方的竞选。这些人都是党多年培育出的优秀品种，用不着选举。选举劳民伤财，任命多么经济，开几个全国代表会就能圈定。两党制虽好，但在效率上比不上一党麻利。再说中国不需要选举，万一习主席谦虚退隐，人民岂不失去一个百年难求的领路人。

由于前两任只顾闷声工作，以致党和政府涌现出个把贪官。于是您一上台就大声疾呼，不反贪就会亡党亡国，知微见著，发出了警世恒言。然后，您又让他们正冠洗澡，吃药看病。对那些犯错误的同志百般呵护，语重心长，让他们从邪路上走回来。是的，除了那几只大老虎，他们的多数毕竟是党多年培养的财富。

对内的霸气自不必说，国家姓党，银行姓党，军队姓党，公检法姓党。最近你又明确指出媒体姓党。这是何等的霸气，全世界有几个国家敢这么说？银河系有几种人类敢这么讲？欧巴马敢吗？普金敢吗？德国的那个老娘们默克尔敢吗？就国内的霸气而论，您已经让挥斥方遒振臂一挥的毛泽东技低一筹，黯然失色。

对外的霸气则是举目共睹。南海填岛，阅兵式，一带一路，亚投银行，还有那些大把的银子慷慨地洒向亚非拉，让毛邓寒酸，自叹不如。

在国际关系上，您先跟日本叫板，牵一发而制全身。一方面由外交部强烈抗议，占理；一方面放海事船开进钓鱼岛 200 海里，有节。水兵们用愤青的仇恨压出了长长的水柱。只喷得日寇缩头缩脑，直喷得敌舰无处躲藏。直喷得安倍焦头烂额，只喷得爱国者气吐眉扬。这样霸气的举动，江胡之辈从未敢想。

在阅兵式上，习主席向全世界释放出中华振兴的伟大信息。各种新式武器、导弹雷达不战而屈人之兵；各类兵种、常规武器战则所向披靡旗开得胜。习主席轻斜的头部告诉国人严防右倾；他那眯缝的双眼在警告西方别有用心的家伙，你们不屑一顾。国民的赞美声如春雷轰响，啊！中国人从此站起来了。

在南海，填岛工程以动铁的时速突飞猛进，造成永不移动的航母。越、菲小国胆敢寻衅，让他们有去无回。美舰胆敢进犯，叫他有来无去。

1000 年前用骆驼和马匹趟出的丝绸之路，如今已经配备上汽车、火车和飞机。一带一路成了史诗一般的口号，推动着大东亚的共荣。没有习主席的英明决策，这绝对不可能。

习主席的霸气让欧巴马服软，让卡梅伦献媚，让雅立安铁娘子目送秋波，让萨摩赖日本面隅涕泣。

倾东海之水为墨，写不出习主席的丰功伟绩；集马列革命家于一室，也比不上总书记广阔的心胸。毛虽伟大，只能挖洞；邓够英名，仓廪小吏；只有伟大的习主席才有能力、有气魄开始三部曲的第三部，称霸全球，霸业千秋。

习主席为什么能够在短短的三年里让中国人气宇轩昂霸露端倪呢？这里边有八字、出身、教育和历练等多方面因素。

首先习总出生于 1953 年，癸巳。诸位平章爷，癸巳有何特别？用不着动用莱布尼茨的微积分就可以算出，上一个癸巳乃是 1893。那年的 12 月 26 日，中国人民的大救星毛泽东先生呱呱落地，后来给中国带来来天翻地覆慨而慷的伟大变化。60 花甲子，万物一轮回。又一颗熠熠发光的救星投胎到中土大地。毛主席生在南方，习主席生在华北；毛主席生在冬月，习主席生在盛夏。毛习互补，各有千秋，但有共同的属性，小龙。龙者君也，君临天下者，毛习。他担当大任在 2013 年，巧了，又是一个花甲子。

像毛习这样的伟人，中国几百年，世界几千年才能出现一次。上帝仅隔 60 个春秋就把习总派到中国，体现了 GOD 对中国人民的厚爱与怜悯。就此而言，中国人现在应该改信基督了。

习总生于革命高官之家，天生龙种神脉。乃父曾是陕北根据地创始人之一，高踞副相之职。且秉性敦厚，不以整人为乐，不以势封人之口。或许因此，上帝才降龙子于他家。希冀北斗七星之首将来能爱民如子，厚德载物。

然而，习父曾因小说被毛打进冷宫，且在文革中关进牛棚。习总必须在毛君和习父间做一抉择，继承乃父基因，还是秉承毛氏衣钵。因私而论，生物遗传乃是第一选择；因公而言，毛公志向韬略则是建功立业之本。舍私为公，小习选择了后者。使得党的事业后继有人，使得百姓又有了一位杰出的领袖。

习总年少博闻强记，聪敏好学。然而小学刚刚毕业，就赶上文革，大中小学校一律停课，为反修防修百年大计奉献青春。故而文革中，习总的文化只有小学水平。70 年代中，他终于有了再受教育的机会，到清华深造三年，获得工农兵学员的光荣称号。

令人惊愕的是习总不因此而气馁，当官不忘进修。在省市级的百忙工作中，他居然完成一篇遥寄于清华的博士论文。以 9 年的基础教育，以日理万机的繁忙，一个人能够获得名校的博士头衔。不是我们热捧，的确已经超出了聪明的界限，这叫圣明。在他的带动下，党政机关在职研究生多如牛毛，有的还获得不止一个学位，为民立极。

习主席因成绩优秀精明干练，他在清华学习三年之后直接到总参谋部工作，做首长秘书。平章爷，清华历史上这样的事例能有几件，只有校史主任知道。然后脱下军装，直接空降河北，领县委书记职务。能够优秀到这种程度的奇才，党史上也不多见。继而，福州市委、福建省委、上海市委，如同上了高速，一路绿灯，飞黄腾达，直进中央。

能让有过如此历练的接班人上岗，这乃全国人民的福祉。习主席上位之后，提出一系列的主张，五个自信、六个不搞、七个不讲。还有正能量、新常态、中国梦、民族复兴等这些从未听说过的神奇字眼。至于他读过的书籍，包括法国、英国、俄罗斯等国的作品，如果请郭德刚先生来报书名，不算清蒸沙奇马、板鸭筒子鸡，至少也得花两个时辰。

习总出身于爱国之家，兄弟姐妹移民海外，在商界崭露头角。习总的女儿毕业于哈佛大学，妻子是将军衔的歌星。阖家欢乐，无后顾之忧。有习总作为全民领袖，全军统帅，全国舵手，中国岂有不兴之理，人民岂有不福之说？千秋霸业起，全仗近平功。

正是：霸气千秋普天惧，中国姓党党姓习。马列斯毛倘有知，乐见共产得后继。

四海翻腾云水怒，五洲震荡风雷激。要扫除一切害人虫，全无敌。

祝愿伟大的习总书记身体健康，永远健康。

2017

也谈历史的选择

7-13

最近有一位高人，为了给执政党争取一个充分必要的名份，为了给复兴梦找个理论根据，发明了"历史的选择"这么个术语。那就是历史选择了毛泽东，历史选择了共产党。言外之意就是甭管我干的好坏，都得记到历史的帐上。你如果不满意，找历史说理去。这种非凡的气度无异于一个街头恶棍对邻里怒吼："老子就他妈这个德性，想说理找我爹妈去！"把历史当爹妈搬出来了，您还有什么看家的把戏？

那位貌似英明的人想用历史的选择作为政权合法的论据确实有点荒唐幼稚。

首先我们不妨以讹传讹，承认"历史的选择"这一轻薄的概念，并且做出推论。广义说来，历史中的任何事物都可以归结为历史的选择。夏启把禅让制改变为家天下是历史的选择，商纣王的酒池肉林是历史的选择，焚书坑儒中央集权是历史的选择，蒙古人和女真人统治中国大地也是历史的选择。甚至可以说日本人从 1931 到 1945 的侵略也是历史的选择。当然，那些以刘邦和朱元璋为代表的正统朝代自然更是历史的选择。

把时间的标尺移到现代，我们会发现，邓小平的永不翻案和黑猫白猫是历史的选择，他在八年的时间里接连废除三帝是历史的选择，江代表和胡窝囊以及他们麾下的贪官群体是历史的选择，习主席的马克思情结和意识形态的回归是历史的选择，这么说吧，就连对岸民进党与国民党联袂演出的二进宫也应该是历史的选择。

然而，当某大人物借历史发挥炒作的时候，他似乎还没意识到，从化学的角度，历史的选择不过是个中性的名词，即非酸非硷的中性化合物。可惜当初在清华学了三载化学，居然品尝不出中性的口味，还要搜寻制造一个中性的理念来为自己贴金，真是有点煞费苦心。

事实上，历史并没有区分良莠的分辨能力，也不会有激浊扬清的正义举动，历史也不会给过去的事物打上合格的烙印。换言之，历史所作的选择取决于多种因素，包括偶然和必然的推动，道义与邪恶的竞争，这样的选择未必就是正确的结果，未必就能证明正义与合理。

何况从语义的角度，"历史的选择"是一种含混不清的命题，它违背了因果关系。因为历史只是对过去发生的事情的文字记载，它不具备主观能动性，也就是说历史没有选择的能力。在人文社会中，历史是由人的活动而留下的文字记

85

录。或者说历史是人写出的过去的事情。换言之历史是人创造并且记录的文档，无论如何不可反过来说，"历史选择了某些人或由人构成的某个团体"。

出于标新立异自命不凡，当代领导人常常喜欢用一句新颖的口号来体现他的英明和伟大，从而刺激起百姓的拥戴，以至于慌乱中忘记内中必要的逻辑关联。在当年的三个代表中，江主席俨然要代表先进的生产力，但是他忘记了生产力还包括生产工具和机器。既然机器们属于无生命的客体，不具备语言或感情交流的能力，故而你无法征求它们的意见，无法让它们同意你当代表。几千名人大代表里有几个是机器选出的？江主席再有才华，即使像公冶长能通兽语，也决然代表不了无声的机器。

既然历史没有选择的能力，那么到底是谁选择了党和毛主席？回答很简单，农民。

几千年来由于闭关锁国，重农轻商，中国一直是个以农民为主体的国家。如果说农民是河里的水，那么政府就是漂在水上的船。水能载舟，亦可覆舟。农民这个怪异的群体有许多长处和短处，他们勤劳，祖祖辈辈躬耕于黄土地上，无怨无悔，延续后代，顺便也支撑了这个国家。只要能填饱肚子，他们就可以忍受苛捐杂税，甘愿做皇帝的犬马。然而，一旦遇上昏君暴政，或者天灾人祸，他们就会抢起锄钯，造反暴动。从秦朝的陈胜吴广、西汉的赤眉绿林、东汉的张角黄巾、隋末的 18 路反王、唐末的黄巢、北宋的宋江方腊、元末的红巾、明末的李自成张献忠，到满清的太平天国和捻军，每隔几百年，他们就要出来折腾一次。从安分守己的良民一下子翻转成疆场厮杀的猛兽。这种良民-暴民再到良民的转化，形成中国特有的历史循环。

然而由于农民狭隘自私保守近视，他们的起义只有三种出路，一是被政府招安，比如宋江；二是被强权镇压或者被外寇利用，比如方腊或李自成；三是形成新的朝代，比如刘邦和朱元璋。奇怪的是，这些农民一旦当了皇上又会忘本，立马反过手来，压迫和剥削支持过他们的农民群体。农民们流血牺牲的结果只是换来了一个新的君主，压在他们头上。他们又重新昏昏噩噩地拜倒在新君的脚下，希望他会给他们带来诉求已久的美好日子。到了压榨超出忍耐的非常时刻，这种良好的愿望又会变成绝望。此时的他们又会揭竿而起，像一头头的雄狮朝金銮殿勇猛地冲去。然后再寻找和拥立一位新的皇帝。

那么毛泽东和共产党是怎么步入历史殿堂的呢？说起来话长。由于明朝统治者腐朽落后，由于中国内部各路豪杰的征杀，给关外的游牧民族提供了一个突破口。努尔哈赤培训的八旗子弟在皇太极的率领下闯入山海关，开始了中国第二个以少数民族为统治者的皇朝。

您别说，满清王朝还真的出现过几位励精图治的皇帝，留下了多如雪片的热情歌颂黄阿玛的大辫子剧，至今还在腐蚀着 10 多亿马克思化的汉民。但是 200 年后由于内部奢靡贪腐和外部的坚船利炮，大清国终究逃脱不了衰落的结局。最后，国难重重，民不聊生。直到 19 世纪末期，才涌现出一批以孙中山先生为首的仁人志士，他们不但提出了"驱逐鞑虏，恢复中华"振兴民族的口号，还效仿林肯总统"of the people, by the people, for the people"的治国理念，制定了三民主义的纲领。

以孙先生为首的同盟会-国民党经过几十年的流血牺牲前赴后继终于推到了压迫国人 268 年的满清政权，于武昌起义之后，成立了中国的第一个旨在民主共和的进步政府-中华民国。然而这个年轻的政权必须面对地方割据的封建军阀以及帝国主义的干扰。为了巩固自己的力量，孙先生不得不提出"联俄联共扶助工农"的纲领。没想到从此引狼入室留下隐患。共产党力量虽小，但野心天大。他们的最终目的是武装夺取政权，用打土豪分田地的口号吸引一群梦想翻身的愚昧的农民，最终取而代之。

大革命期间，农民的日子的确很苦，然而那是腐朽羸弱的清政府留下来的伤痕，不应当是中华民国的责任。共产党巧妙地利用了农民急于翻身和新政权立足未稳的危难之际，建立了这个拥有武装的政党，以貌似激进的马列为旗帜，把矛头指向国民党刚刚建立的政权。

在联共的政策下，共产党派人到黄埔军校，建立秘密组织，在湖南成立农民赤卫军，在上海成立工人纠察队，开始拥有武装。此时的共产党已经不是普通的政党。须知，即使民主国家，也不会容忍一个拥有武装跟政府对立的团体。今天的电视剧把马日事变和412大屠杀说成反动暴行确实为一面之辞。俗话说己所不欲勿施于人，在今天的制度下，如果某一民主党派在工厂或农村发放武器，名曰自卫，政府会泰然处之吗？

由于中国资产阶级的懦弱，由于农民的自私和众多，由于日本铁蹄的践踏，毛主席和共产党充分利用了内忧外患的历史机遇，发展壮大，经过四年的解放战争，以百万雄师驱逐了孙中山先生首创的民主政权。这就是所谓"历史的选择。"从后来的发展来看，这种"历史的选择"并不是正确的选择。像历朝历代一样，农民为政权的建立付出了沉重的代价，最后除了一纸农村户口，他们什么也没得到。他们曾经像牛羊一样被赶进人民公社，他们曾经承受大饥荒的严重恶果。即使改革开放允许他们进城打工，也还要冠以"农民工"的称号，或曰二等公民。他们辛劳一年，不得不用跳楼的办法去讨要工薪。这难道就是他们期望的解放？

在海峡对面，孙氏孤儿台湾虽身处困境，但自强不息，终于实现孙先生的遗志，从训政过渡到宪政，人民拥有了当家做主的权力。台湾这面镜子也在告诫那些曾经推小车抬担架高喊万岁的农民："你们犯了一个历史的错误，你们自己摧毁了一个本来可以让你们翻身解放的民主制度。你们盲目的选择让中国的历史倒退了百年。"

亮剑与韬晦

（总书记和他的桃木剑）

除了图穷匕首见，"亮剑"这个字眼以前不曾听说过。李幼斌先生的一部电视剧使"亮剑"成名，自此人们把亮剑当作振兴民族精神的英勇行为来赞颂。在这部历史剧中，李将军连续亮剑两次，一是对日本侵略者，二是对国民党反动派。至于国民党反动在哪里，有谁说得清。

上网粗劣查了一下亮剑的意思，有人建议："亮剑就是把剑亮出来的意思，李将军说"两个剑客相遇，明知不敌对方也要把剑亮出一战"，代表了革命军人大无畏的气魄。"也就是说，处于弱方拔刀指向强敌的情况才叫亮剑。我认为这种理解比较片面。在对立僵持的两方，任何一方扬眉剑出鞘，都该算是亮剑。岂不闻先下手为强，当然奥运会不兴这一套。

荏苒，习总书记上台业已三载有余。自他领衔中南海之后，一改前朝韬光养晦搁置争议的旧常态，做出了一系列重大调整，包括一带一路、亚投银行、导弹检阅、南海填岛、巡弋钓鱼，联俄抗美，在亚非拉欧四处投资赞助，寻找战略伙伴。我们不妨把习总整体的蓝图规划称之为亮剑。至于亮剑的对方是谁？不需仔细推敲，也会发现那就是美帝国主义。按总书记的逻辑还可以引申，亮剑是中华崛起的重要标志，亮剑是伟大中国梦的一部分，亮剑是激发爱国青年民族复兴的一项创举。

中国朝野为什么对亮剑如此热衷？尤其是那些鹰派军人，一个个像打了鸡血，似乎非如此则不能证明中国的强盛，不能发泄民族的怒火。我担心，要是真打起来，最先溜号的也是他们。

一 历史原因——一雪前耻

中国几千年来以农为主，小农经济把百姓束缚于土地之上，离开土地和耕作，百姓就会饿死。居住和生产的固定组合使得汉民族注重各自独立的家庭观念，他们不愿迁徙，即所谓故土难离。即使毛主席用农村户口把他们拴紧，他们也用不着抗议。这种经济模式和定居方式也迫使国人面对侵略时处于守势。自秦开始修筑的长城以及明朝的海禁就是战略防守的标志。这种经济模式和居住方式也使他们养成逆来顺受温良恭俭的性格。

从军事上看，由于缺少马匹，故而只能以步兵为主。军队的主要职责就是帮助统治者维持秩序，防止百姓的抗争和暴动。用个不大尊敬的比喻，历代的中国军队不过是皇家的看门狗。对赤手空拳的草民吼叫几声或者撕咬几个闹事的后腿，便可迫使他们服服帖帖，从而稳定政局。但是这样的军队对外部彪悍的入侵者往往软弱无力，最后不得不割让领土，步步为营，投降妥协。

统一中国的第一个王朝秦本不在中原本土，有人怀疑秦人很可能带有戎狄的血统，嬴又是通古斯部落的姓氏。冀望考古学家们早日取出一根始皇大帝的头发，做个亲子鉴定，立案审查他的 DNA，是否算炎黄子孙。秦国本来贫穷落后，靠苛政酷刑向富有转型，终于用野蛮征杀吞并了中原六国。在某种意义上，秦国是中原地区的首个入侵者。

到了汉朝，匈奴侵扰不断，虽然汉武帝和汉平帝时，汉军北伐取得过某种军事上的优势。但就整体而言，汉人一直没有处理好跟游牧民族的关系，只能靠送出苏武、王昭君、蔡文姬这样的烈男才女联姻感化。

自南北朝开始，北方少数民族已经把势力延伸到黄河流域，以至于隋唐两朝，皇室血液已非汉胄。汉人对江山的控制再次落入少数民族之手。后来又有安禄山谋反，李克用拥兵沙坨，少数民族逐渐做大。

到了北宋，先是辽国，后有女真。最后金国大军压境，北宋迁都江南，失去大片国土不说，还捎带脚搭上两代皇帝。此皆汉人之奇耻大辱。1234年蒙人灭金，继而亡宋，整个中国交付蒙古铁骑管理。还好，由于蒙人文明愚蛮嗜血成性，元朝只延续了90年就寿终正寝。历史表明，以农为主的民族对付不了游牧的骑兵团，源远流长的文化经不住野蛮的抢掠。

在欧洲着手文艺复兴的时候，中国的皇位转到朱明之手。可惜眀朝的皇帝除了吃喝玩乐炼丹修道，没有几个发愤图强的圣主明君。到了崇祯帝朱由检，尽管他想励精图治挽住狂澜，无奈大势已去。他在完成"误伤百姓一人"的自我批评后，自缢身亡。

在欧洲工业革命起步的时候，女真人的八旗子弟被带路党吴三桂先生引进山海关，扬州十日，嘉定三屠，中国人承受了268年的奴役。令人不解的是，至今还有不少文人墨客连篇累牍地用大辫子戏歌颂皇阿玛的昌明盛世，麻痹人民。中宣部对此也不加干预。

这个历史时期，欧洲在突飞猛进，中国却继续闭关锁国。不断拉大的强弱反差终于招致了西方帝国主义及日本对东亚睡狮频频亮剑。鸦片战争、火烧圆明园、甲午海战，以及八国联军让清政府几乎没有喘息的机会。幸好康乾盛世留下不少银子，让那些败家的后代除了自己挥霍，还够赔偿洋人。

把面子丢给蒙古和女真尚且情有可原，毕竟他们是56个少数民族之二，按照党的民族政策，这不叫侵略，这叫民族大团结。但是自1840年以来，对洋人割地赔款、港口出让及治外法权则是无可争议的奇耻大辱。刀枪不入的义和团被慈禧先利用后出卖乃是民粹主义者们永世的悲愤。我们希望这段历史不会重演。

两千多年的中国，虽然地大物博，人口众多，但饱受异族外寇的欺凌，可谓苦大仇深。正如习总比喻，像一根被压缩的弹簧，积怨已久，储能已高，今天到了该把这些正能量一股脑释放出来的时候了。这就是一把利剑，总书记义正严词挥舞的利剑。这把利剑指向中华民族的敌人，让愤青们擦拳魔掌，让老百姓开胸顺气，也感受一回胜利者的自豪。似乎历史潮流把亮剑的光荣任务赋予了今朝，赋予了当仁不让的习总书记。

从感情上说，一个饱受欺辱的民族在崛起之后亮剑复仇可以理解。但从法理上讲却有些荒唐。设想 50 年前，张三的爷爷被李四的爷爷杀死，张父懦弱，不敢吱声。但是张三长大后发家成了大款，他有权力去杀害农民工李四吗？当然没有。越王勾践和基督山伯爵的故事固然感人，但不值得效尤。如果每个国家、每个个人都整日沉浸于仇恨的怒火之中，寻找机会，把矛头刺向仇敌，这世界或这个国家岂不乱成一团，不得安宁。你杀过来，他杀过去，冤冤相报，何时是了。

一个国家，一个个人凡事应当向前看，不要总纠缠几十年甚至几百年前的恩仇不放。德国和日本都曾经是美国的敌人，可是战后他们成了合作伙伴。只有向前看，社会才会进步，国家才会富强。

二 政治原因 压倒西风

中美本来是友好之邦。美国虽然加入过八国联军，但把庚子赔款归还中国，建了个清华大学。清华曾经是留美预备班，现在在党的领导下又成了留学的踏板。她曾经为中国培养出许多大师级的科学家和教育家。40 年代，如果没有美国的参与和援助，日本侵略者可能还会占领中国多年。即使在解放战争时期，美国也一直充当国共两党的调解人，至少为停战和谈制造过机会。中美地理位置相距甚远，原本没有深仇大恨。那么中美关系是何时恶化的呢？

第二次世界大战结束后，斯大林借机组成了一个能跟西方自由世界分庭抗礼的社会主义阵营。迷恋共产的开国皇帝毛泽东采取了极化的外交路线，加入以苏联为首的一边，推行一边倒的政策，毛泽东还提出东风压倒西风的响亮口号。社会主义阵营主张阶级斗争和无产阶级专政，要完成鼻祖马克思的遗嘱，作资本主义的掘墓人。资本主义国家看到有人要把他们活埋，当然不高兴。但是世界大战刚刚结束，大家都忙着重建家园，谁也不愿意真刀真枪再起干戈，你死他活尸骨成山。于是两边只能暗中斗气，扩军备战，导致了多年的相互攻讦和冷战。

令人不解的是，伟大领袖毛泽东在新朝伊始创伤累累的时候，对美帝国主义突然亮剑，即按李将军定义的弱者对强者的亮剑。然而这次亮剑有点理亏，美国要协助南韩，制止北韩南侵，没有攻打中国的意图。靠着人多热气高干劲大，他派出志愿军支援金日成一手挑起的地域性战争。抗美援朝损耗了一半的国民收入，失去了几十万中华儿女。最后打了个平手，扶植了一个后来传递三代的金家王朝。时至今日，依然是中国包养的一块鸡肋，弃之可惜，食之无味。

每当谈到抗美援朝，那些义和团的后人都会精神亢奋，把毛泽东当成民族英雄。实际上，这乃是对那段历史的误解。抗美援朝并没给中国带来什么好处，其经济负担超出了国民的负荷，还留下一大笔欠给苏俄的国债，使得此后的中国经济一直低迷。当然经济落后和历次的政治运动也有关系。

抗美援朝让中美结了个大梁子，自此针锋相对，相互为敌。到了文革中的 5-20 集会，中国把美国说成全世界人民最凶恶的敌人。有歌为证："东风吹，战鼓擂，现在世界上究竟谁怕谁。不是人民怕美帝，而是美帝怕人民。"中美之仇真的有那么大吗？毛泽东的极端外交使中国失去了多国合作共同发展的机会。以至于到他离世的时候，中国人还得限制粮食定量，不涨工资。中国男子的身高被他锁在 1 米 6+，女人的个头则局限到 1 米 5+。敬爱的毛主席，您对不起饥寒交迫的人民。

中美关系的恶化完全起源于意识形态的分歧，一个要专制，一个要民主；一个要让红旗插遍五洲，一个要让普世涵盖四海。

其实对老百姓来说，重要的不是意识形态，不是什么主义，而是有说话的权利，发展的机会，生活的美好。设想全国人民集体对着党旗宣誓，为共产主义奋斗终身。可是宣誓之后，你没饭辙，没裤子穿，没房子住，没有迁徙的自由，没有生育的权利，这样的主义对你难道还有什么价值？这样的主义也值得你去献身？你凭什么要为万年之后的空中楼阁去只争朝夕？

从政治上讲，毛泽东一直期望着对美帝亮剑，解放连同美国在内的 2/3 受苦人。可是他领导的国家在经济上捉襟见肘，确实没有进犯他人的实力。连小小的台湾都拿不下来，何谈北美大陆。故而只好把反美停留在嘴皮子上，希望有朝一日大鹏随风起，扶摇直上灭强敌。不过，我们还是要对着纪念堂发问："主席先生，中美之间真有您说的那样不共戴天的深仇大恨？"

出乎主席意料的是，他的一边倒政策只延续了 10 年，中苏两党便开始交恶，中国的外交陷入"没边倒"的危机。尽管人民日报大肆宣称"我们的朋友遍天下"，但够得上朋友的只有朝越古阿，还有那个靠毛泽东扫仓库支援的哥们巴铁。面对严峻的形势，时任外长的陈毅元帅不得不提出一个屁股两个拳头的理论，同时对付美苏两大敌人。此时中苏之争的仇恨已经超出了中美。珍宝岛之役虽然是小打小闹，但苏俄陈兵百万的确是寝食难安的威胁。面对两大宿敌无剑可亮，主席只能饮恨在心，提出"深挖洞，广积粮，不称霸"的韬晦路线。不称霸的另一个意思就是不亮剑。

外国人的目光常常比中国人久远，此时美国总统尼克松向东方睡狮伸出了橄榄枝，毛泽东也把乒乓球当成连通铁幕两边的中间玻色子。尼氏的破冰之旅使毛泽东从困境中解脱，自此中美又小心翼翼的开始了解冻期。对中美两国人民来说，这当然是进步。两个伸出胳膊谁也碰不到谁的大国干吗要相互敌视？只有和平友好才能对双方互利。从邓副主席开始，中美间的伙伴关系一步步巩固，无疑这是时代的进步，对世界和平有正面的意义，值得后人珍惜。

因此从政治角度观察，习总亮剑老美乃是历史的退步，不是退到 70 年代，也不是退到 60 年代，而是如同飞瀑流湍，直落到 50 年代。在世界经济一体化的伟大时代，当中美间的贸易往来不断加大的时候，当政治局领导争先恐后把子孙送往也鲁哈佛的时候，习总重新祭出意识形态的法宝，把美国再次定义为假想的敌人，疏远对抗，很明显是倒行逆施。无异于在高速行驶的汽车突然挂上倒档。这不光会毁坏汽车，还会酿成重大的交通事故。

三 现实原因 舍我其谁

自 1948 到 2012 年，红色中国留下了两座里程碑。一个是毛泽东创建了人民共和国，另一个就是 80 年代邓小平开启的第二次洋务运动，大崛起。

毛泽东过于注重意识形态，把马克思列宁主义的教条当成指导中国的理论。他以阶级斗争为纲，年年讲，月月讲，天天讲。于是运动不断，整人连绵，错过了二战之后发展经济提高人民生活的大好时机。最后，他竟然头脑膨胀发动了文化大革命，反帝必反修，采取了文化灭绝和历史虚无主义。他的虚无飘渺的治国理念使中国的经济停滞，政治黑暗，也使得科学教育中断。1976 年之后，他的继承者不得不拨乱反正，走出文革的迷津。应当说第一个里程碑是个失败的碑，耻辱的碑。

可是毛泽东和他的思想奠定了国家和制度的基石，不管后边的继承人是谁，不管他心里对毛有多么反感，为了保住枪杆子打出的红色江山，毛和他的旗帜不能倒。这种约束也给第二座碑留下抹不掉的残缺。

邓副主席没做过正式的第一把手，但凭借老一辈革命家的崇高威望，他可以凌驾于政治局之上，钦点总书记。作为改革开放的总设计师，在中国历史上独一无二的他居然连废三个皇帝，同时隔代指定了下一位总书记。其威望和魄力可以说空前绝后。凭他无可代替的历史地位，完全可以打开体制改革的大锁。可惜由于他的保守和近视，使中国错过了上进的机会。

第二座里程碑有三个标志，一是发展经济，不管黑猫白猫，能创造财富就是好猫；二是韬光养晦，在国际上不与人为敌，求同存异，吸引外资，扩大市场；三是四个坚持，在政治上继承毛泽东的衣钵。四个坚持的核心就是坚持党的领导，维护一党专制。第三个特点限制了经济发展的空间，也导致了贪官遍野的混乱场面。造成政治路线与经济政策的失衡，一腿粗，一腿细。为了四个坚持，他悍然拍板了 64 屠杀，不惜用学生的鲜血杀一儆百，保住他为之奋斗过的红色政权。自此他为贪污腐化开了绿灯，以至在江胡两任，贪官四起，数额惊人。当然也正如邓副主席所说，不管猫白猫黑，借助世界一体化的形势，他确把中国经济搞上去了。GDP 高居老二，仅次于美帝。

第三座里程碑何时以何种方式开始，尚且不能定论。但是 2013 年习主席接任之后，从他的施政纲领不得不让人意识到，他要把自己树立为第三座里程碑。这座碑的明显标志就是亮剑。为了一改前朝韬光养晦的路线，他奋力推行新的政策，联俄疏美，南海填岛，钓鱼岛巡戈，军事检阅以及频繁的军演演习。对内则严控舆论，央视姓党，鼓吹新常态，四个自信和五个不讲，按照一带一路，到处收购战略伙伴。从他在三年里做出的这么多令人振奋的举动，足见其雄心勃勃，要做伟大的强者。

不同于前任，习主席上台伊始就给人留下了耳目一新的感觉。他亲自到庆丰和革命群众一起吃包子，他到南方现身于民众之前，他像美国竞选那样把常委们的丰功伟绩在党报上刊登，他发誓反贪，并且连续铲除了几位老虎。这些举措让人们感到一个新的常态就要到来，一种正能量正在释放，一场中国梦就要兑现。

他用行动表明，江胡只是临时过渡，他才是这个国家真正的主人。因为他身上流着红色贵族的血液，因为他的爸爸和叔伯打下了这座江山。于是他踌躇满志，义不容辞。几十年财富的积累也给他提供了恣意消费的物质条件，让他头脑发热迷了心窍，误判时机已到。该出手时就出手，他要亮剑，他要对西方说不，他要证明中国特色的社会主义可以完胜西方的自由民主。

他重新挑起钓鱼岛争端，把海船派到钓岛附近向日方喷水，同时外交部也连番严重抗议，急速地恶化了中日关系。像小孩子过家家，互不理睬。当然，由于钓鱼岛无论对矿业开发还是房地产泡沫都没有什么实际价值，他很克制地没有冲进 12 海里。虽然剑亮得不那么痛快，习总的民族气节已经让憋屈了几千年的草民刮目相看，亲切地呼叫 DD 和 MM。

同时他悍然改变搁置争议的软处理，开始了南海填岛的工程，跟小国菲律宾、越南较劲。其实他要是真想亮出一把英雄剑，让国人扬眉吐气，首先应当要回海参威及远东的大片国土。显然他也知道自己能吃几碗干饭，于是只能把剑亮给几个小国，再吓唬一下新加波，然后间接刺激他们背后的美国。

总书记的亮剑可以成功吗？坦率地说，他性子过急，不自量力，剑亮早了。毕竟国力、军力跟北大西洋集团相比都相差甚远。由于库银都藏进贪官的保险箱，好不容易才废物利用了一艘瓦良格母舰。想当年，苏联花了几代人的努力跟美国竞争，最后苏维埃政权成了历史的垃圾，不得不换成三色旗。钱不能代表实力，有钱能使鬼推磨在中国说得过去，但推广到世界格局则没那么容易。

习总目前亮出的既非龙泉，亦非巨阙，而是一把桃木剑，或者唇枪舌剑。既不能趋妖，又不可辟邪。其威力不在于锋芒而在于魔咒，这种魔咒可以激发愤青以及那些盲目爱国者的反美情绪，转移百姓对政府的失望，用炒作出的国际霸主弥他们内心的空虚。

亮剑只是一个举动，亮剑要消耗大量的能量，故而亮剑不能是持久的国策。正像运动员不能以百米的速度跑马拉松，也正如举重的金牌获得者在举起之后必须把杠铃抛在地上。如果把亮剑当成长期的战略，势必掏空国库，民怨四起，友邦背离。

四 韬晦好于亮剑

亮剑有正义和非正义之分，李云龙反抗日本侵略者是正义之举，而他所参与的内战引起本民族的相互残杀则是非正义的。同样，1941 年美国对日本和德国法西斯亮剑是正义的，而苏联对兄弟国家匈牙利和捷克亮剑则是非正义的。

纵观历史，对中国伤害最大的是蒙古、女真、英国、沙俄和日本。冤有头，债有主，总书记问为什么不直接对这几个国家和民族亮剑，反倒对友好往来多年的美国出手呢？

一个是意识形态的原因，毛泽东 50 年代留下了未竟革命事业，即制度的竞争。美国是西方的带头人，而毛、习又都想证明专制制度的优越，于是擒贼先擒王，把美国当成靶子。二是中国的崛起使得一部分领导人冲昏头脑，处处想争第一。金牌最多的美国让中国以第二为耻，难咽这口恶气。故而只有扳倒美国才能使国人气宇轩昂一扫晦气。实际上这是一种柔弱民族的病态心理，位居第一的凭什么应当是你?

如果受过欺辱的民族一旦富有起来就要亮剑复仇，世界则会变得混沌黑暗。按照这个逻辑，阿拉伯人会反过手来屠戮他们的以色列堂兄弟；犹太人要把万字旗倒过来写，送亚利安人到波兰的集中营；亚美尼亚人要屠杀 20 万东突厥的小红帽；美国的黑人要把白人卖到非洲；印第安人要把欧洲拓荒者集中到新墨西哥保留；日本人要在美国扔两个原子弹，以告广岛、长崎的亡灵；匈牙利和捷克要把坦克开进莫斯科红场，品尝一回占领者的霸气；中国则要对英国批发海洛因，启动一场针对伦敦的鸦片战争。如果有了钱大家都要亮剑，这个文明的世界就会蒙受毁灭之灾。

一个伟大强盛的民族未必要把亮剑挂在口头上，北欧的挪威、瑞典、芬兰以及内陆国瑞士都很富有，但他们没有亮剑的奢望。我们见不到这些国家的锋芒，但是那里的人民呼吸着自由的空气，享受着绿色的环境，拥有高收入和社会福利。他们为什么放着好日子不过，去对别人耀武扬威跃跃欲试，最后弄不好还会挨一顿臭揍。一个国家如同一个家庭，好好过你自己的日子，不要总算计别人，不要总以为有了钱就可以当回大爷，指手画脚，动不动就要严惩、报复。

一个长期受过伤害的国家应当扪心自问，为什么人家强大? 为什么自己懦弱? 找出长期受欺负的原因。从而更新自己的制度，停止内部血腥的权力争夺，建立一个廉洁的政府，有一支属于国家和人民的军队，鼓励众多民众的参与。

总书记急于亮剑扩军备战实际上是在挥霍前人留下的钱粮，用来实现个人的野心，树立个人的威望，这不是顾大局识大体的明智行为。他更应当把注意力放到如何推动国民经济的发展，解决实际问题，改善百姓的生活条件。

中国富有强大固然是好事，然而一个远见卓识的领导人会与更多的国家交朋友，化对立冲突为友好往来，把宝剑插进鞘中，为一个和平的世界释放正能。

按百度百科，韬晦或韬光养晦有隐藏实力，然后伺机而动，蓄势而发、一举夺得成功的意思。一个擅长韬晦的人会给人留下虚伪狡黠的印象。平日里嘻嘻哈哈，口惠而实不至，关键时露出杀手锏，置人于死地。至少我不会选择这样深藏不露的有心人作朋友。看来，韬晦似乎不是什么好词。即使一个国家也是如此，穷时装怂，奴颜婢膝；富时发横，颐指气使。即使如此，我认为韬晦还是比亮剑要好，至少大家暂时还能过个安生日子。

中美之间无论是热战还是冷战都会给两国人民带来沉重的负担和灾难。发生在两个核大国之间的战争将是一场对称的立体战争，双方的武器比封神演义里的翻天印、照妖镜、乾坤圈、烽火轮还要先进，杀伤力更是不堪比拟。中国近30年建造的三峡、南水北调、高楼、高铁都会成为袭击目标。到时候，不光意识形态退回到50年代，经济建设也会一落千丈。对美国来说也是如此。稍微有点头脑的领导人，即使不是博士、硕士，也不会置国计民生于不顾，铤而走险。核弹只能当作自卫的武器，以威慑为目的，后发制人。第一个使用核弹的国家很可能引起他国的愤慨，从而第一个倒下去。

同样的道理，冷战会把大量的库银用于军备，使本来没有解决的房价、教育、医疗、就业、贪腐问题更加严重，延缓经济发展的步伐。我们为什么非要秉承毛泽东意识形态的偏颇，为一个虚构的梦幻而忽视眼前的利益。无缘无故的亮剑无疑是一种错误的抉择。为了毛泽东留下的意识形态纠结，把中美两国人民拖进热战或冷战的火海，值得吗？

中美关系自70年代以来已经有了长足的推进，双方相互投资，提供市场，在贸易、科研甚至军事领域都有了前所未有的密切合作。我们应当珍惜几代人奠定的中美友好，收回寒气逼人的青霜宝剑，遵从和平共处的五项原则，一起为世界的和谐稳定做出积极的贡献。

2018

红二代之我见

3/3

所谓红二代泛指那些在国共内战中做出贡献并且在毛皇新朝受封为官的那些人的后代。当然，也包括没来及享福就呜呼哀哉的所谓烈士子女。本文中的红二代又可尊称为高干子弟，革干子弟和革军子弟。经过几代人繁衍，又涌出了官二代及红三代等新贵。

为什么中国会有红二代这样光荣的称号，而从来没听说过科学家二代、教授二代、工人二代以及农民二代呢？

因为这些三教九流的后者在中国是个杂散的群体，他们无权无势，他们之间没有粘合剂，他们没有打江山期间的内战战绩。他们的孩子必须在普通学校读书，他们的孩子也没有任何骄傲自豪的资本。

第一届红二代多在国共内战期间长大。在胜负难卜的战火当中，红二代们在革命中心或圣地出生了，在革命造反的父母心中，他们是红色的种子。因此条件再差，也是宝贝。有的被送往苏联避祸，有的被警卫员用箩筐挑着，转战南北。他们的名字都很特别，往往跟父母的战斗区域有关。比如延东，从延安到华东；延淮，从延安到安徽；远平，离北平尚远；小鲁，在山东降生。红二代的名字还喜欢带个小字，小平、小梅等；或者带个生字，如胜生、戍生、易生等。至今我尚未见过以大战役命名的孩子，如辽沈、平津、淮海、四平。概因死人太多，不吉利。

101

红二代们的父辈都是打仗起家，家庭生活也成了军事建制。他们因山头的不同又分为一野、二野、三野、四野以及留守的地方官。由于他们干的是把脑袋掖到腰带的生意，出生入死，这些文臣武将之间建立了亲密的战友关系，抱团互助。对战友的孩子也往往视若己出。这便是后来拉关系圈地盘的人脉基础。这些人际关系也是后来红二代形成团伙的一个本征原因。

在孙逸仙先生亲手缔造的三民主义政府被强势粹平之后，战火纷飞年代的战友们都被赏赐黄马褂和顶戴花翎，在政府和地方当了大官。这些大官们的住所往往集中在一个大院里，如省委大院、省军区大院、工程兵大院，空军大院等。他们的孩子所面对的是不接地气的大院文化，他们的生活方式在冯小刚、姜文等人的影视作品里都有描述。在大院长大的孩子一起玩耍，坐在墙头往下尿尿或者吐唾沫。打完平民子弟，跑回大院，有门卫保护。他们从小就相互熟悉，结成了平民少有的哥们义气。大院文化也成了红二代群体形成的另一起因。

原来是破鞋破袜子破军装的土八路，一下子当了部长、局长、省委书记，这一低一高的越迁无疑会让他们产生优越感。打江山坐江山的意识让他们开始在精神上膨胀。幸好毛泽东害怕重蹈李自成的覆辙，杀了刘青山和张子善，暂时按下了贪腐的风气。但这不妨碍优越感的滋长。有其父必有其子，孩子们发现自己和院外的平民子弟不同，家里有汽车、洋房、伙夫和警卫。耳濡目染，自然而然地也获得了优越感。这共同的优越感把红二代们拴在一起，一群看不起工农甚至知识分子的孩子集合。皇亲国戚焉能与平民为伍？这便是文革初期谭力夫先生对联的起因，"老子英雄儿好汉，老子反动儿混蛋"。这反动的血统论或许是红二代们搭帮结伙的理论依据。

政府心疼这些珍贵的革命后代，为他们创建了特有的幼儿园和学校，如蓝天幼儿园、景山学校、八一学校。这些革命后代集中到一起，加上良好的条件设备，他们的优越感自然更加膨胀。当他们的家人接他们回家的时候，他们之间甚至互相攀比，看谁家的汽车好，汽车大。汽车和待遇反映了官阶的高低。于是红二代的内部也分了档次。中央级的后代在中南海，部、军级别的后代在翠微路，至于处级或科级的小员司们则只好望尘莫及。

即使没进八一学校，红二代们也会进入那几个富有名气的中学或大学。在北京，有二中、女十三中、四中、八中，一○一、人大附中等。除了军事院校和党校，红二代们趋之若鹜的莫过于清华北大了。北大我不熟悉，清华光是从工程物理系毕业的干部子弟恐怕不下几十人。地位高的有彭真的儿子、李井泉的儿子、叶飞的女儿、安子文的女儿、伍绍祖他爸爸的儿子（对不住，不知伍部长老爹的大名，也懒得去查。这么说反正也没错）、徐运北的儿子、江文的儿子、胡开明的儿子，林枫的女儿和儿子等，恕不详报。到了1965级，高干子弟几乎占到10%。信手拈来就有耿飚的儿子、袁水拍的儿子、邱会作的儿子、高修的儿子等。在文革初期，其势力大到号称10大左派。我有幸遭遇过此10位功臣后代的大字报攻击。当初的恐惧成了今天的骄傲。至少，我跟红崽子们斗过。

在全校的范围，还有刘少奇的女儿、贺龙的儿子、雷任民的女儿、王任重的女儿、刘宁一的女儿、郑天翔的儿子、陈云的儿子、宋任穷的儿子等。这些人曾经是清华文革的始作俑者。为了丢车马保将帅，这些人当中的几个曾经集体联名揪出黑帮蒋南翔。后来又拼命保住王光美领导的工作组。直到66-8-24那天，他们制造流血惨案，并推倒清华文物二校门。此后，他们开始如鸟兽散，体验围追堵截的恶运。我不同情他们逃难的遭遇，用林副主席的话说，那叫坏人打坏人，活该。

由于在学生时期的集中，高干子弟们保留并延伸了少年的大院文化。因为血统的高贵，他们不想和平民子弟交往。

103

从经济条件说，他们活得也比平民子弟宽裕。人以群分，物以类聚。大学生活又加强了红二代团伙的亲密无间的友谊。以至于到了老年，他们还会组织 200 人的聚会，唱革命歌曲，显示他们社会中坚的威力和贵族"气质"。党中央也对他们网开一面，一路绿灯。相对而言，清华的几十个平民后代想召开一次老头会，居然受到五次围剿。交了定金，都没一个饭店敢接纳。这种对比无疑助长了红二代们强烈气焰，舍他们其谁也。

红二代扩大势力范围的另一措施就是联姻。比如最近猝死的安邦大佬的妻子就是大将粟裕的女儿。然而到了孙子辈，受到物质的利诱，这种联姻开始弱化。君不见毛皇的外孙女傍上大款，当了几年的二奶。祝贺她后来转为正室，享受锦衣玉食的美好日子。

红二代群体的产生和保持有两个社会原因。一个是几千年来的封建传统。有权有势的皇亲国戚或王公大臣，他们蔑视百姓。依仗手中的权力，横征暴敛。用武力和财力维护了绝对的统治地位。不少人还可以把爵位世袭。因此统治阶级的后代和平民的后代基本上处于油水不溶的地位。直到这一朝代的灭亡。然后，新朝开始，新一批功臣良将们的子弟群又开始形成。从这一角度分析，红二代群体是封建势力造成的残渣余孽，是腐朽落后的社会标志。

另一个原因则是毛泽东的政权和历代一样，也是打杀而成。他要推翻的已经不是满清帝国，而是一个刚刚驱除鞑虏旨在民主共和的年轻羸弱的政府。实际上，与孙逸仙和蒋介石相比，他所领导的革命才是名副其实的反动。从 1921 年到 1949，我没统计过，估计因内战而死亡的百姓或军人不止千万。当然，毛泽东们也付出了惨痛的代价。长期的战火，死亡的威胁，使得毛手下的文臣武将结成了深厚的战斗情谊。打江山坐江山成了绝对的真理。用鲜血夺来的天下自然会让他们百般珍惜，因此要千方百计地保住权力，并且让权力顺利传到他们的后代的手里。红二代成了保住江山的唯一的依托。因此红二代必须雄心勃勃，当仁不让。他们要么当官，握紧大印；要么晋身军界，紧握枪杆。

这些红二代们是天生革别人命的御林军。土改革地主命，他们认为应该；合营革资本家命，他们认为必须；反右革知识分子命，他们认为理所当然。没想到到了文革，事态的发展才开始变味。初期，他们以为斗反动学术权威、打倒三家村、打倒彭罗陆杨不关他们的事。于是首当其冲，砸霓虹灯、杀校长、打地主婆、揪黑帮。红二代们做出了精彩绝伦的表演。

没想到冷面杀手毛泽东唯他独尊，不管你功劳大小、资历深浅，瞧谁不顺眼他就撸胳膊卷袖子揍谁。贺龙、彭德怀、陈毅、刘少奇官居一品，都难于自保。清华的高干子弟不肯失去高贵血统的保护伞，在告别文革大舞台的前夜，贺鹏飞们纠集外来的中学生，一个个军装军帽，队列整齐，唱起造反歌，气势汹汹地用拖拉机拉倒了清华二校门。当夜又在清华园内游行，大发淫威，殴打所谓的黑帮干部。还好，毛主席火眼金睛，不念旧情，把这些狂妄分子赶到山沟村落，把联动分子关进派出所。对百姓来说，这才是一件大快人心事。遗憾的是这位毁坏文物的罪犯后来又当了中将，死前还犯有走私罪。到哪儿说理去？

红二代们在文革中的丑陋表演充分体现了他们的自私。让革命后代的光环名声扫地。后来，他们又通过关系入伍提干，当工农兵学员，回城当官。

然而他们的父母人还在，心未死。在毛皇驾崩之后，经过拨乱反正，他们又找回大印和枪杆。在陈云的一句话后，他们的后代又成了第三梯队。80年代初，这些人几乎是集体重新分配，到部、省、市俨然成了各级领导。权力又到手了。胡汉三回来了。第三梯队的实质就是后文革时期的还乡团。他们要做的第一件事就是审查平民子弟中的三种人，把枪毙过的文革牺牲品再毙一遭。

改革开放以后，金钱的诱惑使得红二代们除了当官，还有经商发财的红运。爹爹妈妈、叔叔阿姨签一个字，他们就有了地皮。用空手套来的白狼又去申请贷款。叔叔阿姨一批，上亿的资金到位。他们有的主管金融，有的主管房地产，有的主管军火贸易，有的主管影视。一下子，红二代们又火起来了。如果说当年他们的父辈靠杀人越货起家，他们在大崛起的年代则实施了一次集体抢劫，明火执仗。在臭名昭著的恶名的右肩，又加上臭名昭著的平方。

在党中央极力庇护下，红二代们如鱼得水，或在官场扬威，或在商场做福。他们要什么有什么，想什么就是什么。李鹏的儿子挣足了钱，可以空降为省委书记，江代表的儿子可以官商两栖、王震的儿子可以大发横财，薄一波的儿子可以飞黄腾达，邓小平的孙子可以挂职县委，更不用说那位歪戴军帽倒挂领章的少将兵痞。除了直系的孩子，连女婿都要沾光揩油。王其三若非靠岳父福荫，能有如此高位？吴小晖若非邓家孙胥，能在安邦行走？

不公平的是，在文革前，有杀关管亲属的，有海外关系的，不要说入党，连上大学都受限制。如今哥哥卖国潜逃的红二代俞正声居然当了政协主席，兄弟姐妹无一留在中国的习某人居然做了总书记。这太不公平了。为什么会这样？因为他们都是元老们信得过不会挖祖坟的红二代。

红二代强烈的血统意识、红二代极端的自私，以及红二代们灵敏的政治嗅觉、权利欲望，使得这个群体成了国家发展进步的阻力。在社会上，他们是一股黑暗的恶势力。他们关系多，人脉广，他们具备平民所没有的凝聚力，可以轻易颠覆国家。他们是一种可怕的暗物质。一旦得逞，他们会像他们的老子一样，顺我者昌逆我者亡。他们会不惜一切代价，像阿萨德那样，保住父辈为他么夺来的天堂。他们将是中国迈进民主的巨大阻力。庆丰皇帝在几年间树立的个人崇拜和倒行逆施，充分证明了上述的论断。

不能否认，已经有不少有良知的红二代从粪缸里跳出，反思过去。但他们毕竟如凤毛麟角，难成气候。迄今，红二代的主体还是一群狂傲不羁的集合体。他们对社会潜在的破坏力不亚于西西里的马菲雅。把民主的希望寄托在他们身上，无异于南辕北辙，与狼共舞。

禅让的联想

3-9

"推位让国，有虞陶唐。"几千年来，中华民族视为骄傲的，莫过于尧舜禅让的美谈。两位国君把手中的权力传给忠厚可靠的贤人，而不是跟自己有血缘关系的儿子。三字经里也大加称赞，"唐有虞，号二帝。相揖逊，称盛世。"

在中国悠久的历史中，尧舜禹三帝与日月同辉，光照后世。然而，作为圣贤的典范，却鲜有后人人效尤。即使不少人都把他们放到名字中，如士尧、至尧、舜初、效禹等。连嗜权如命的毛泽东先生对尧和舜也不吝美誉之词："春风杨柳万千条，六亿神州尽舜尧。"尽管在他身上看不到一丝一毫尧舜的影子。在连续干掉两个左右手之后，到死他都没让贤。

三字经还说："夏传子，家天下。四百载，迁夏社。"即夏禹王擅自改变了传贤而不传子的君子协定。

中国政坛史中，值得歌颂的事情不多。可惜，就是这一禅让的美谈也只实施了两次。到了夏禹，就掉了链子，开启了周而复始的朝代更替和皇位的争夺。以至于有周朝的"普天之下莫非王土，率土之滨莫非王臣。"到了千古一帝秦始皇，又创造了统一疆土和中央集权的铁律。

史学家们在歌颂禅让美德的时候，很少回答一个明摆着的问题，禅让那么美好，为什么只传了两代？对于大禹，也是褒多于贬。流传着三过家门而不入的敬业精神，以及治水成功的丰功伟绩。

如今，我们有机会了解西方社会的发展和成就，可以更加全面慎重地重新评价我们的祖制。不难发现，老祖宗的禅让制度只是简单地建立在相互信任的基础上，或者说是一个君子间的口头协定。他们天真地假设，只要他们做出了以身作则，后人一定会协力效仿。他们没有询问，万一继承权力的是一位彻头彻尾的小人，他把权力传给家人，怎么办？事实上，夏禹先生就是这样的一个小人。

一个明显的事实是，在尧舜时代，人们不懂得制约和制约的重要性。所谓制约就是对国家的管理责任应该分成几个各自独立的部分，这几部分具有等同的地位，其中的一个或两个，可以有权利去约束第三个。如果执政的部分离经叛道，撕毁了游戏规则，另外的两部分有权遏制甚至弹劾这位执政者。这就是著名的三权分立。中国古代贤人在治国策上的君子风度让大禹钻了空子。让他开启了几千年来持续不断的打打杀杀的历史轮回。每次朝代的更替都充满血腥，给百姓带来人为的灾难。

由于禅让制只是君子协定，没有一个机制维护这一协定，即使没有大禹的出现，在后人中也会有人把它撕毁，开启独善其身的一姓独裁。尤其在生产力发展进步的阶段。

古人对禹王传子鲜有尖锐的批评，大该有两个原因。其一，大禹做过不少对人们有好处的工作，人们感谢他。即使有人不同意他把权力传给儿子，念及过去的功劳，也会谅解。其二，由于几千年的逐鹿中原改朝换代，人们已经习惯于家天下这样的传统。胜者为王，败者为寇。不服的话，你去抛头颅洒热血打下江山，让你的家人也做一回皇亲国戚。既然人们已经接受了这个家天下的事实，何必对禹王再颇有微词。

相对于西方渐进式的社会改革，中国则遵循一条螺旋式的周期运动。一个朝代腐败了，一批英雄人物，诸如 18 路反王，揭竿而起。花费几十年的时间，相互残杀，推翻旧朝，争夺新的皇权。然后，重复和旧朝相差不多的政策，再稳定个 200 来年。这种打江山争天下的传统深深刻印在华夏英雄的大脑中，他们不知道谈判妥协，只选择驰骋疆场，决一雌雄。追求"宜将剩勇追穷寇，不可沽名学霸王"的快感。几千年来，在中国发生无数次的战争几乎都是争夺江山的内战。以至于外寇一旦入侵，就会仓皇失措，不知道如何对付。最后靠割地赔款安抚外寇，甚至俯首称臣。

　　如今，人类进入了 21 世纪，普世价值已经成为社会发展的主流。可惜，还有那么一些人愚顽不化，把坐江山的陈旧观念带进了新的世纪。在夏禹家天下 5000 年之后，禅让制又一次遭遇夭折。无独有偶，大位也只传了两次。

　　经历了文革史无前例的浩劫，邓副主席在体制上做了些许调整。除了放宽经济政策，还把毛泽东的一人领导换成集体领导；把毛泽东的终身职务换成定期交替。但是，作为开创红色江山的老一辈革命家，他还舍不得放弃他们的绝对领导，从而失去子孙后代的天堂。于是他保留了四个坚持。然而，尽管他的改革只是局部的、保守的，他的新政还是带来了可观的变化。

　　江主席虽然老马恋栈，但在期满之后还是把总书记的职务让给隔代接班的胡锦涛同志。到了胡锦涛期满，干脆来个裸退，连送上一程的两年军委主席也免了。不管他们在任期内的政绩如何，二位领导毕竟遵循了邓副主席的遗嘱。就程序而言，他们都算君子。

　　到了第三代，则开始变态。在前五年里，他花了大量功夫吹捧自己，在权力的分配上也逐渐趋于独断，挂上不知道多少头衔；前五年期满的时候，他不像往常那样按规矩确立接班。到了第二届开始，除了把自己的思想放进章程，还要

109

对宪法进行剪裁。冠冕堂皇地取消国家主席任期的规定。而且还变相地让一位超龄的亲信与常委同列。

比大禹高明的是，他抬出宪法当作武器，让终身地位合法化。这样的一纸宪法已经变成缝制龙袍的布料。可以按照他的意愿，恣意改动，量身定做。一部可以因人而异随意修改的宪法，究竟还有什么意义？这样的行为只不过表明当事人的虚伪和诡谲，用虚假的程序掩人耳目。

21世纪禅让制的失败又一次证明，靠君子协定的治国靠不住。一旦遇到一位虎视眈眈权柄在握的小人，脆弱的协定会就会顿时中断。倒行逆施的氤氲会立马笼罩国家。新的独裁者很可能会重蹈旧人的覆辙，给人民带来灾难。可惜，因为目前，还没有任何一股力量可以抗衡，可以纠正国家的航向。

从生理上讲，无限延期一位古稀老人的职务（重要职务），在道德上说不过去。人老了，体能精力都要衰退。愣把一个应该回家抱孙子享清福的老人栓在工作岗位，有点残忍。除了日理万机，他还要对付因此产生的睡在枕边的赫鲁晓夫们，在内斗中周旋，活得多累。何况在生死问题上，人人平等，没有特权。7亿人喊了几十年的万岁，那位老人家也只活了83岁。距离数学期望值还差9917年。善良的百姓也用不着冥思苦想，他要是再掌权1000年，中国会变成什么样子。

在此之前，我一直认为中国之所以落后挨打，是因为缺少一个先进的制度。这次修宪的"成功"让我开始考虑，归根结底，还是咱的人不行。

制度不好，可以学习。西方今天的民主制度经过了数百年的考验和改进，这样的制度使得他们富国强兵，民生安乐。相反，我们的制度却几千年来一成不变。以至于这个古老的国家多次挨打，把祖辈留下的银子都赔光了。然而这样严酷的教训却从未唤醒这头沉睡的雄狮。

孙中山先生经过几十年的奋斗，建立了一个三民主义的民主共和。结果，竟被一场农民暴动推翻了。中国又回到了刚刚走出的黑暗。台湾的今天本来也应当是整个中国的今天。但是，我们用血腥的内战把这么一次好机会赶跑了。

　　回顾中国的历史，尽管有过多次变法，最后都难免失败。即使这些变法的本意是要维护统治者的地位。历史告诉我们，几千年的独裁统治已经形成了中国的人头脑中一根主筋，在这根筋的主导下，偏执死板，一条道跑到黑。不是吗，到了 21 世界，连个禅让的简单规则都守不住。你不就为了多统治几年吗？即使感动了上帝，你能活 100 岁，也不过能多干 25 年。

　　再看邻国日本，人多国小，资源匮乏。但是他们知道为自己的生存担忧，他们能虚心地学习西方的科学技术，包括民主制度。以至于一个矜持傲慢堂堂大国多次溃败于东瀛之手。可笑的是，日本人前脚刚走，中国的英雄们就迫不急待地厮杀起来，让百姓陷进四年的内战。为了权力的争夺，不惜牺牲百姓的利益，这样夺来的政权能够真心为民？

　　如今，中国的衣食住行，包括体育文艺，几乎已经全盘西化。唯一不能学的就是他们的民主制度。民主制度成了复变积分中的一个孤立奇点。因为一旦民主，统治者和他们的后代就要失去他们浴血夺来的天堂。为了一己之私，把国家永远捆绑在腐朽落后的破车上。可笑的是，这样一个没有自由的国家居然还要领导全人类。

　　到了 21 世界，古老的中国依然出不了拒绝称王的华盛顿、锐意改革的伊藤博文，甚至一位敢于结束烂摊子的格别切夫。这才是莫大的悲哀。终身制的重建表明了我们的破车又挂上倒挡，向相反的方向跑去。

　　说来说去，不怪天，不怪地，还是怪咱自己不争气，抱守残缺，自私自利。即使华盛顿先生亲自来传授三权分立的经验，国人也会把他拒之门外。即使孙中山在中国本土实现了三权分立，也会有人起兵发难，把它推翻，让三权分立重归三位一体。因为只有三位一体，中华男儿才会拥有无上的权力。呼风唤雨，战天斗地。

这党压根儿就不是好东西

人以群分，物以类聚。

微信群的应用已有 9 载之多。知识群的帖子往往以议政为多。由于国人的观点两极分化，双方很难相互说服，辩论常以恼怒甚至出言不逊而结束。于是那些关心政治的群体干脆择人而聚，以见解划线。

即使观点大致一致，细节有时还不尽雷同。比如在论及 49 年前的中共时，不少人尚持模棱两可似是而非的观念。作者不得不在此略加笔墨。

一 对某些错误论断的批驳：

其曰一：建党初期那些年轻人还是有信仰的，值得肯定。

须知，信仰就词义而言并无褒贬之含义。信仰好的，对人类社会有教人向善的推进作用，比如基督教。欧洲的文明史就离不开基督教的进步。然而但即使该教推动了人类的文明进步，受益的国家还是主张政教分离。在美国，出于尊重公民信仰的自由，学校里一般不会传播教义。

112

信仰不都是值得尊重的。那些怀揣炸药的野蛮地冲向平民，其恐怖主义行为也是在信仰的驱使下产生的。西方的大卫教派、人民圣殿教、天堂之门教，以及日本的奥姆真理教都是摧残精神和肉体的邪教。持有这些信仰的人会丧失理智，走火入魔。

共产教冠以马克思-列宁主义的桂冠，实际上也是一种变相的邪教。其教义的主旨就是阶级斗争和专政。他们把人分作几类，鼓动一部分人去打击迫害另一部分人，还美其名曰"无产阶级专政"。他们鼓动贫穷的农民去斗争地主，瓜分他们的财产。在城里则鼓动工人去斗争资本家，让他们扫地出门，还要在富人和他们的后代身上再踏上一只脚，永世不得翻身。把彻头彻尾的强盗行径当作革命的纲领。这样的信仰值得有良知的人士去肯定吗？

共产教的另一个教义就是以意识形态治国，一党专制。"领导我们事业的核心力量是中国共产党。指导我们思想的理论基础是马克思主义。"一个国家从政治到经济本该多姿多彩，顺应形势不断进化。共产治国的基本路线就是政教合一，只此一家别无分号。顺我者昌，逆我者亡。为此，他们要紧紧掌握宣传教育机构，把意识形态的私货灌输到百姓心中，把他们的大脑格式化。使他们失去思考的能力，甘愿做独裁者的奴隶。

所谓马列主义与中国的实践结合不过是用马列邪教加强帝制独裁的统治。苏共的垮台已经证明了马列之路不通。如果还有人肯定马列主义的信仰，不是愚昧，就是偏见。

其二曰 共产党独裁，蒋介石也独裁

首先我们必须明白，中华民国建国后提出过实现民主共和的三步步骤。即军政、训政和宪政。军政旨在国家统一，在北伐成功后结束。训政则是暂时的一党专政，实行党国体制。然后逐步过渡到宪政。由于日本的侵略和内战，宪政的实施一直推迟到 1991 年 5 月。因此，说蒋独裁的忽视了当时国家的现状，国家制度的改变相当与一个三相电系统，启动后必须经历一个过度过程。

在民国年间，不分阶级，不搞政治运动。各民主党派和平共处。作家和戏剧家们可以宣扬自己的主张，创造自己作品。连鲁迅这样指桑骂槐的杂文大师都可以老死病终。 49 年后，中国的科学教育大师和戏曲界的名伶几乎都是民国时期产生的，这些事实证明了蒋统时期的文化繁荣。须知，这些大师、四大须生以及电影明星后来都没有逃过文革动乱的折磨，连为共党歌功颂德的作家老舍先生都难幸免。被封做旗手的鲁迅幸好先走一步，躲此一劫。

那些说蒋独裁的人大概抓住了他对共产党的强硬路线。我们必须明白，共产党不能等同于一般的民主党派。因为他们拥有武装，因为他们有自己的建国纲领，因为他们搞秘密组织。他们的目的是推翻政府，夺取政权。正如党首毛泽东所鼓吹，"枪杆子里边出政权。"在他们未得手的时候，是一群占山为王的土匪，打家劫舍，胡作非为。这样的政党即使在民主国家也是非法的。红军的存在对辛亥革命的果实，年轻的民主政权，无疑是一种潜在的威胁，对国家安全的隐形炸弹。蒋先生立场鲜明，不给匪党自由平等，那是为了维护国家的利益。无可厚非。

相反，到了共党野心得逞坐了江山之后，他们立即剥夺了所有公民的权利和自由。思想政治犯越积越多。因为一篇文章、一出戏、一本书被打成反革命的不计其数。刘晓波只因一篇 80 宪章先被胡锦涛送进大牢，继而又被习近平迫害致死。与当年的蒋先生相比，其独裁程度无以复加，令人发指。

其三曰，共党抗日有功。

对众多 40 后来说，他们所受的一直是单色教育，共产宣传和伪造的历史。如果他们从来没出过村，也没翻越过防火墙，很可能会认可这一观点。他们只知道平型关大捷，甚至没听说过百团大战；他们只记得样板戏的台词："日蒋汪暗勾结早有来往。"事实上，他们几乎不知道八年浴血奋战的正是被妄称"蒋匪"的国军。这种观点的盲点在于片面理解历史，夸大共党的作用。

抗日战争中有十大战役，包括：淞沪会战、上高会战、南京保卫战、太原会战、徐州会战、武汉保卫战、桂南会战、长沙会战、缅北滇西战役、湘西会战。在这些战役中，冲锋陷阵英勇不屈的都是国军将士。他们以鲜血和生命谱写了悲壮的爱国诗篇。除了太原会战，几乎没有共军的踪影。在长沙保卫战的电视剧里，为了获得广电部门的批准，愣加进一个八路军官的角色。即使无足轻重，也要给恶党找回一点面子。当然我们不该完全忽略敌后武工队所领导的地雷战和地道战，然而这些小规模的骚扰于大局无补。

与此相反，共军在这八年里，纵横捭阖，制造了西安事变，给自己的武装争来了合法的身份。他们利用了第 18 集团军番号，休养生息，扩充武装。从到达陕北的三万有生力量在几年的时间里，扩大到百团之众。到了 45 年，八路军和新四军合起来人数在百万以上。

在共党主编的抗战历史中，他们把自己说成中流砥柱，贪天功为己有。事实上，国军在多次大会战中伤亡惨重。到了 45 年，已经筋疲力尽。这时候的共军草黄马肥，磨刀霍霍。只用了不到四年的时间，就推翻了疲惫不堪的民国政府。实现了夺取政权的狼子初心。

显然，完全抹杀共军在抗日战争中的贡献，有悖事实。但与国军的贡献相比，还是小巫见大巫。他们的这点贡献早该被其利用国难发展壮大，制造内战的恶行所抵消。

如果没有共匪作祟，中土早就跟台湾一样民主共和了，百姓会免除多少政治运动和苦难。

二 对历史事件的重新认识

由于共党严格控制文宣舆论机构，包括学校里统一的教科书，整个国家成了一言堂。国人心中对所有列历史事件都刻上了红色的条码。因此中国必须对已经歪曲的历史从新评价，去伪存真。一个人的力量有限，作者只能选择一二试清之。

上海 412 政变

打开百度，有如下记载。"1927 年 4 月 12 日，以蒋介石为首的国民党新右派在上海发动反对国民党左派和共产党的武装政变，大肆屠杀共产党员、国民党左派及革命群众。这就是历史上著名的"四一二"反革命政变。 使中国大革命受到严重的摧残，标志着大革命的部分失败，是大革命从胜利走向失败的转折点。 "

首先他们忽略了工人纠察队的武装问题。

其次，如果非要说"政变"，那也是共产党要通过武装推翻民国政府的政变。而当时的政府就是民国政府，他们要

116

镇压的是武装暴动，弭平叛乱。在野党本无政权，这怎能说成是政府军对在野的共产党的实行政变呢？起码，这条注解在逻辑上欠通。因为通常所说的政变都是内部反对势力图谋推翻掌权的内阁的事件。

412 事件的要害在于国家军队之外的独立武装。武装的目的自然是与政府对垒，伺机取而代之。因此 412 事件的本质是政府出面，镇压共产党图谋不轨的武装暴乱。

马日事变

按百度的描述，马日事变："1927 年 5 月 21 日晚，驻守长沙的武汉国民政府辖军，国民党反动军官许克祥率叛军捣毁了「湖南总工会」、「农民协会」、「农民讲习所」等中共控制的组织革命机关、团体，解除工人纠察队和农民自卫军武装，释放所有在押的土豪劣绅。共产党员、中国国民党左派及工农群众百余人被杀害。事变后，许克祥与中国国民党右派组织了"中国国民党湖南省救党委员会"，继续疯狂屠杀共产党人和革命群众，因 21 日的电报代日韵目是"马"字，故称这次事变为"马日事变"。"

和 412 事件一样，要害在于共党公开或秘密组织的武装。武装的目的是挑起内战，夺取政权。

现在，中宣部门制作了不少反映北伐时期国共斗争的剧目。透过编导对共党的同情和对国民党罪过的所谓揭露，我们不难看出共党的狡诈和欺瞒。他们由于自身力量的薄弱，假借国共合作，大挖国民党和北伐军的墙角，希冀发展壮大。他们派中共党员渗透到黄埔军校和武汉分校，秘密发展党员，伺机而起。这实际上是一种偷窃行为，也是颠覆国家的阴谋。

当国民政府意识到共党图阴险意图后，对混进自己军队里的虫豸予以清剿。从国家安全考虑，这是合情合理的事情。可惜最后，天不作美，让共党得逞，国家倒退。这乃是中国人民的最大不幸。幸好留下一面宪政的镜子，台湾。

江姐是好人吗？

按百度介绍："江竹筠（1920 年 8 月 20 日——1949 年 11 月 14 日），四川省自贡市大山铺镇江家湾人，中国共产党地下时期重庆地区组织的重要人物，为中国共产党追认的女烈士。

1939 年加入中国共产党。1940 年任重庆新市区区委委员。1945 年与彭咏梧结婚，婚后负责中共重庆市委地下刊物《挺进报》的组织发行工作。1948 年，彭咏梧在中共川东临时委员会委员兼下川东地委副书记任上战死，江竹筠接任其工作。

1948 年 6 月 14 日，江竹筠在万县被捕，被关押于位于重庆的国民政府军统渣滓洞集中营，遭酷刑仍拒屈、拒不交出军统所要的中共地下党情报；1949 年 11 月 14 日，重庆被中国人民解放军重重包围之际，被国民政府军统于渣滓洞监狱所杀并毁尸。"

对共产党来说，江姐可算烈士。可是对中华民国来说，她是推翻政府制造内战的叛逆。为了颠覆国家政权，江姐们害怕阳光，在地下搞阴谋活动。这些引发社会不安和动荡的江姐们是地地道道国家安全的敌人。她们要推翻的是一个实行三民主义走向共和的合法政府。她们要建立的是一个违反人性的共产专制，让中国的帝制独裁复辟。因此江姐们是助纣为虐的罪人。

至于竹签子的刑罚大多来自一面之词，其历史真实性有待考证。至少，民国政府还允许颠覆国家的罪犯们在监狱里绣红旗，唱红歌。江姐如果生在今世，恐怕至少会处以斩立决，说不定死前还得剜心割肾，用来延长那些皇亲国戚的生命。这个政府即使对说了几句真话的共产党员都不放过，还得先被刺破咽喉，再被枪决。如今他们对说过几句牢骚话的都要处以颠覆政权的大罪。 比起张志新、刘晓波的不幸，江姐被处以死刑，的确罪有应得。

三 结语

如果说共产党的新闻机构一向报喜不报忧，那么他们撰写的历史则是以假乱真，为独裁者脸上抹粉。他们做了一系列的坏事，还想贴上美好的外套，蒙蔽大众的耳目，希图流芳百世。到了近平新朝，倒行逆施，愈演愈烈，居然把十年浩劫淡化为艰难探索，对前朝制定的 50 年不变恣意践踏。这是对中国人民的严重威胁。

有良知的知识分子面临着一个重大任务，那就是把黑白颠倒的历史再颠倒过来，撕去伟光正的面纱，还原魑魅魍魉的真实面目。

这个历史重担放到了 40 后和 50 后的肩上。因为他们经历了土改、镇反、共产风、文革及其后崛起的全过程。如今不少人人已经步入古稀。时不待我，任重道远。

2020

祸起金平，根在则冬

4-18

冠状病毒或武汉肺炎已经在世界范围肆虐数月。按 FOX NEWS，迄今世界范围已有 2310572 人感染，死亡 158691 人。

世界经济机器几乎停止运转。人们生活在恐慌之中。不管是在呼吸机里奄奄一息的，还是隔离在家无所事事的，都被病毒笼罩，看不到天日。这是一场前所未有的战争。让措手不及的人们不知道如何应对。面对小小的病毒，航空母舰、原子弹、氢弹和跨越半个地球的洲际多弹头分导都失去了威力。一个个垂头丧气，无可奈何。我们不能不说这实际上是一种新型的战争，毁灭人类的战争。

种种迹象表明，这种新型的杀伤武器起源于中国武汉的 P4 生物实验室。荒唐的是，当这种人传人的病毒被辨认出来后，中国政府自上而下采用了鸵鸟战术，视而不见，听而不闻。北京照开团拜会，武汉照办万人宴。还要把敢于揭示真情的医生训诫打压。可以说从 2019 年 12 月底到 2020 年 1 月 20 号，冠状病毒是无拘无束，自由扩散的。让本来可以遏制于摇篮中的病毒越传越广，残害人民。

当病毒像火一样燃烧之后，中国官方却对病原、病例和病毒的危害极力保密。他们拒绝国外科学家的参与，同时通过被他们控制的世卫组织传达不实信息，误导各国对疫情的警惕。他们为了保住首脑的安全，严禁武汉人进入北京。另一方面，他们却又大开绿灯，让武汉人走向世界，贻害于人。

为了逃脱罪责，他们一方面急于寻找替罪羊，制造病毒是由某国开始的谣言。一方面美化自己，把中国塑造为挽救世界的天使。他们的这一丑恶行径向全世界宣告，这一代中国人不敢担承，不够爷们，毫无信誉可言。

这次瘟疫涉及的国家和地区远远高于第二次世界大战。从它对世界经济的冲击和在人民中造成的恐惧，在客观上已经等同了第三次世界大战。表面上看，这次大战的共同敌人是冠状病毒，或武汉肺炎。但病毒本身不会铤而走险，与民为敌。因此这次大战的启动者不是病毒本身。而是研制病毒的实验者，还有对病毒不闻不问任其泛滥传播的政府。这个政府就是西金平为党魁的中国共产裆和他的独裁政权。既然他自称定于一尊，把所有的成绩和机构都揽于一身，我们有理由认为这次横扫世界的灾祸起于金平。可是，追究起来，根子又在则冬。

从金平博士上台后的七年多的时间里，他的全身都附着着猫则冬的阴魂。

他上台伊始，就搭起了联饿抗美的架子。俄国是他第一个访问的国家；他与俄国多次联合军演；他崇尚武力，把西方制度当成邪路，他在对美国的贸易谈判中出尔反尔，用尽手段。当他意识到瘟疫的严重性后，又鼓动外交部的几只疯狗一通狂叫，重复使用"病毒来于美国"的谣言惑众。蒙蔽本来就没有自由思考能力的百姓。在中方步步紧逼的情况下，川普不得不直接了当地称之为中国病毒。

联俄抗美的外交方针不过是 49 年猫则冬一边倒政策的延续。美国在抗日战争中无私地帮助过中国，即使在内战烽火燃烧的时候，美国人也多次奔赴延安，为和平谈判奔走。可是猫氏取得政权后，认苏俄和斯大林为父，赶走了对挚爱中国文化的司徒雷登。1950 年，他又在斯大林的指示下出兵朝鲜，为后爻的金家封建朝廷白白地葬送了几十万中国青年的宝贵生命。1970 年 5 月 20 日，又通过黄炎培老先生之口，把美国说成"全世界人民最凶恶的敌人"。

然而猫意识到中苏关系的破裂后两面受敌的窘境，终于接受了美国总统尼克松的破冰之旅。从此中美间存在 22 年的铁幕终于拉开。猫则冬在垂老之际竟然为中美人民做了一件善事，不管他的主观意向如何。

可惜，在文革中长大的小学生金平同志没学过"刻舟求剑"的课文。当他登基大位的时候，苏联和社会主义阵营早已偃旗息鼓，镰刀斧头也在 1991 年变成了三色国旗；而美国在中国的崛起中提供了资金、技术和市场，开创了前所未有的合作互助关系。舟已行矣，聪明的金平却在失落的"一边倒"之剑的船帮旁，打捞猫则冬甩掉的钝刃。

他要退回的不是 80 年，也不是 70 年，而是他还在穿屁股帘的 50 年代。他在把改革开放后形成巨大动量的中华火车换成倒档。从力学的角度，遭受这么大的逆向冲量，翻车是肯定的。瘟疫后他的死不认账、嫁祸于人、亲自指挥和亲自部署成了翻车的直接因素。他想学毛，可惜他学了连猫都放弃了的错误。

文革中的猫则冬被意识形态的梦寐冲昏了头脑，他把北京当成时间革命的中心，把自己吹成世界人民的领袖。其实他身边只有北韩、北越、阿尔巴尼亚和远在加勒比海的卡斯特罗，何况这些国家还各怀鬼胎明争暗斗。江青同志借样板戏之口唱出了毛皇的理念，"愿红旗五洲四海齐招展，那怕是火海刀山也扑上前。"可惜蚍蜉撼树不量力，自己麾下的 7 亿百姓吃了 10 几年的定量口粮，多年不涨工资。即使他有精神变物质的魔法，哪里有本钱去发动世界革命？到了 69 年中苏直接动武后，他望而却步，提出了"深挖洞，广积粮，不称霸。"他终于意识到，背后有苏修的牵制，大洋彼岸又有美帝的虎视眈眈，不得不把称霸的伟业留给后人。

然而这一天大的野心被他的学生和继承者铭记在心。面对改革开放的经济成果和外汇储备，他异想天开地认为实现先皇称霸的历史任务义不容辞地落到他的肩上。这个肩可太不一般，挑 200 斤走 10 里山路都不带换肩膀的。

于是他提出了一带一路的国策，把几十年累积的人民血汗洒向亚非拉，拉拢那些叫花子为他呐喊助威。这实际上就是猫当年农村包围城市的世界版延阔。他在跟胡锦涛接棒的时候，与前任达成共识，即五不搞和六不要，把西方民主国家几百年走顺的康庄道路污蔑成邪路。他们藏在肚里没说的就是完成猫未竟的使命--埋葬资本主义。

猫提出过中国是世界革命的中心，金平又发展为人类命运共同体。这个不伦不类的名词充斥着矛盾，一个任意假想夸大的乌托邦机构。从中国本土说，向来以阶级斗争为社会发展的动力，所谓人类一词包含了所有的阶级，连监狱里的政治犯都不在其外；从地球上说，有的国家高度发达，还是你心目中的敌人；有的国家饿莩遍野，愚钝落后。你能把他们一起装进你的共同体吗？连刚进校门的小学生也吹不出这样离奇的牛逼。可是中国的报纸、电视把圣旨当成皇帝的新衣，天天鼓乐齐鸣。好像人类命运共同体就在国际歌里唱到的"明天"。

能把昆仑裁为三节的猫则栋审时度势，放缓称霸；摸着石头过河的邓屠户自惭形秽，糟践自己为韬晦。一个停止了抗美，一个跟美帝度起了蜜月。不管二位老革命家的内心思虑如何，中国毕竟交上了美国这给有钱且又慷慨的朋友。中国开始在经济上腾达。土房变为高楼，小路改为高速，自行车改为宝马，小圆口变成耐克，考不上清华北大的也都能越过高考的门槛到欧美留学。

遗憾的是金平同志好像刚从监狱里出来，看不到活生生的美好现实。他居然要对助中国崛起的友邦亮剑，他要重金收买侵吞中国领土的北极熊为朋友。他重新拾起猫则冬放弃的路线，钻进意识形态的死胡同。

金平昏庸，可说来说去，根子还在则冬。他所谓的不忘初心，不过是猫则冬已经放弃的遗愿。因此，西金平之路是一条连死人都不愿走的死路。

从方法论上，金平博士袭用了猫的说一不二、顺我者昌、逆我者亡的行政作风。毛说过，他是老和尚打伞，无法无天。是啊，他的手下可以今日座上宾，明日阶下秋。文臣武将，不论官职多高，说杀就杀，说关就关。他就是法律的制定者和执行者。他可以没收地主的土地，缴获资本家的工厂；他可以让亩产万斤，搞大跃进；他可以饿死 3000 多万人；他可以让学校听课，工人停产，掀起文化大革命。他可以随时扳倒身边的战友刘少奇、周恩来、林彪。

　　猫的强势手腕和手段印记在小学刚刚毕业的另一个真龙天子的心里。他崇尚猫的威严，他渴望亿万臣民高呼万岁，他把猫当成了他要效仿的旷世英雄。于是他和他的吹鼓手们创造了一尊的称号，一个 14 亿人口的大国，凡事要定于一尊。说来他的确也有成功之处，他只用了几年就当上了胡窝囊 10 年得不到的核心称号；为了学习普京的变相终身制，他居然顺理成章地修改了宪法；他的思想和照片天天放到党报的头条；他可以宣布中国的传媒姓党；他可以跃武扬威地多次检阅军队，向世界暗示他的霸主地位。除了抗瘟疫领导小组，他兼任了所有的组长。他亲自指挥部署了武汉肺炎的泄露及泄露后的扩散。他又亲自调教外交部的几只疯狗，造谣中伤，嫁祸于人，寻求替罪羊。

　　西金平博士登基在 2013 年，此前的历史人物中，他有许多榜样可循。他可以隔代继承孙文先生的遗志，重新推行三民主义；他可以效仿蒋经国先生，解除党禁迈向共和；他可以学习前苏的格别切夫，结束苏维埃的暴政；退而求其次，他也可以效仿乃父，宽宏待人，与人为善。万万没想到的是他却师从了曾经迫害他家的和置人民于水火的魔头猫则冬。

　　从他的选择，我们不难看出，猫则冬的思想毒害在中国流传之深之广。从上世纪的 40 后到本世纪的 00 后，猫的传人和捍卫者大有人在。从 40 后班群三观不同的激烈争吵，和 00 后在倍可亲网站捍卫中共的留言，我们都会发现一群头脑不会思考，只接受 CCTV 灌输的人。他们穿着西服，系着领带，拿着刀叉品尝着牛排和红酒。但他们身受驱使的还是一党专政，定于一尊；至于那些小留走进美国的课堂，呼吸着自由的空气，没有防火墙的干扰，可在他们恣意享受的自由言论里还是把美国当成敌人，强词夺理出口不逊地为中共辩护；还有那些拿着美国退休金，甚至吃着资本主义福利的，挺着肚子大骂把他喂饱的国家和人民。

猫则冬啊，你残害的不只一代国人。你的思想经过你的残忍统治已经像一颗钉子，深扎到这些良民顺民的脑中，并遗传到几代人。谁要想帮他们把钉子拔出来，他们会捂着钉子，如丧考妣，破口大骂。也许当肉体和痛苦融为一体的时候，就不再能体会到疼痛。他们甚至发誓，愿与把钉子刺入他们肉体的政党共存亡。何等靓丽的豪言壮语！

因此，猫思想已经是中国民主之路的最大障碍。要想在中国宣传民主思想，必须把钉子从臣民的肉体连根拔出。要想拔出钉子，必须斩断毛思想伸向各个角落的魔抓，必须把用猫思想残害国家的君王拉下马来。古老的中国别再沉睡在独裁专制的魔床上了，民族需要猛醒。告别浑浑噩噩的千年苦难，追赶普世的潮流。然而，这个伟大运动的起点就是把猫尸请出天安门广场。那里是中国的心脏。在心脏里停放一具魔王的尸体长达几十年之久，耗资姑且不说，折杀了大好河山的风水。

欧美人民享有言论自由，他们的美好生活已经延续逾百年；苦难重重的中国人没有人权，刚品尝了 30 年的好光景，就要含泪别过了。事实教训了我们，人民的美好生活需要一个先进的制度的保障和护航。只有放弃个人独裁一党专制的旧体制，人民有话语权和选举权，全面批判猫则冬的思想遗产，才能让好日子长在永存。但愿人长久，千里共婵娟。

论中国之民主共和

4-28

125

前言

有一个问题一直在我心里盘旋。欧洲和美国已经进化到一个相对稳定完美的社会机制，不管是内阁制、君主立宪，还是总统制，都渗透着民主共和的精神。而东方的中国却不管风吹浪打，依旧恪守打江山坐江山的残缺。不管是谁，刘邦、赵匡胤、朱元璋还是毛泽东，他们一登皇位，就开始主宰一切，拥有一切。他们的子孙、功臣跟着享受胜利者的荣华富贵。人民在他们眼里就是奴隶，就是粮食和捐税的提供者。他们没有任何权利，可以随时因为一句话被监禁，甚至杀害，甚至灭门九族。

共产党打着救星的大旗，用打土豪分田地的口号欺骗了农民。推翻了旨在三民主义的中华民国。可是他们70年的统治告诉我们，用马列主义指导的伟大的党，比起封建王朝更加变本加厉，乱用无上的权力。他们可以随时没收土地，可以打到资本家，可以清算知识分子，甚至可以发动全国范围的大革命，打倒他们身边的战友和政敌。那些有头脑敢说话的被扣上颠覆政权的大罪，送进监狱。几十年来，这条苍龙一直折腾，搅得周天寒彻。

就在8年前，他们接班换届的时候，新老皇地一致信誓旦旦地强调"不走邪路"。为此还要5不搞、7不要。他们有什么理由把西方自由世界说成邪路呢？人家邪在哪里？歪在何方？

我不理解，他们对民主共和居然恨得那么切齿，不共戴天。还把人家骂作"亡我之心不死的人"。

我们不禁要问：为什么民主共和在中国的统治者眼里那么格格不入？被恨得你死我活？

中国人的钱包鼓起来之后，自行车换成别克，军绿包变成爱马仕，小圆口变成耐克，中山服变成西服领带，马路变成高速，平房变成高楼，木板炕变成西蒙斯，老白干变成红酒，大碗茶变成咖啡，太师椅变成沙发，珠算变成电脑，口头禅"我靠"变成"哇塞"，高干子孙青睐的清华北大变成了哈佛剑桥，连结婚的彩礼都变成婚纱钻戒，……。走上那高高的兴安岭，瞭望四方。哎呀！除了臭豆腐和溜肥肠，整个中国已经全盘西化。

然而当中国全面西化的时候，就是不能舍去一个亘古不变的东西，那就是专制。专制成了当今中国社会西化的一个孤立奇点。用数学公式表示，那就是 $P = 1/$专制，专制是分母。一旦没了专制，即专制$=0$，那么 P 就会无穷大，失去控制，国家大乱。

在举国上下全盘西化的潮流中，令人惑然不解的是，人们都有意或无意地忽略了西方文化的精髓—民主制度。

小时候，我读过一个《买椟还珠》的故事。有人在集市看上一个盛着珍珠的盒子，出钱买下。然后把珠子退还卖主，只拿着着空盒走了。自由民主，言论自由乃是西方文化的珍珠。到现在，我们从人家那里买回的还都是盒子，忘了珍珠。

本文尝试性地做一综合分析，找出中国向来坚持专制的原因。

1.　先天

中国人的血液里没有民主共和的基因。近百年来，民主和人权在中国都是生疏的字眼。在远古，民间流传着"推位让国，有虞陶唐"的美好传说。但那不是民主，国家的权力的继承者由前任决定。在某种意义上，尧和舜都把国家当成了自己的财产，由他们信得过的人去继承。即使美好，也不过传了两次。到了大禹的时候，索性举贤不避亲，把权力传给他的儿子。自此，中国开始了家天下的传统。

到了夏桀，商汤取而代之，建立殷商。传到纣王，姬周又"吊民伐罪，周伐商汤"。周朝延续 800 年，分作西周和东周，东周又分作春秋和战国。在战国的 250 年间，战火纷飞，刀光剑影，终于留下秦、楚、燕、韩、赵、魏、齐七强。继而始皇嬴政又横扫六强，开始一个大一统的皇朝，秦。但强秦苛政暴戾，只存在 16 年的时间。寿命虽短，但秦朝的大一统和专制制度却流传至今。世世代代，乐此不彼，屈指一算已 2200 年矣。

尽管春秋时期有过百家争鸣，主要人物有老子、庄子、孔子、孟子、荀子、墨子、列子、申子、韩非子等学术思想代表。春秋后期已出现颇有社会影响的道家、儒家、法家、墨家、阴阳家等不同流派。到战国中期，众多学说色彩纷呈，为中华文化奠定了深厚基础。然而，不管百家、千家，没有一家提出过民主共和的思想。也就是说，中国的先人没有留下民主共和的基因，另类脱氧核糖核酸。

几乎在同一个历史时期，欧洲的民主共和的雏形已经在希腊和罗马开花。

雅典式民主或古希腊式民主是在公元前508年于古希腊城邦雅典（包括雅典的中心城邦及其周边的阿提卡地区）发展出的一套民主体系。雅典也因此成为最早的民主政体之一。虽然其他的希腊城邦也设立了各式各样的民主体制，其中大多数也借鉴了雅典的模式，但他们没有一个能如同雅典的民主体制一样有力、稳定且具备良好的明文规定。雅典民主可以被看作是一次直接对民主制度的实验—因为选民并非选举民意代表（代议政治）而是直接参加对立法、行政议案的投票。

雅典民主是一种公民领导的地方自治，但它与现代民主制度的差异仍然是巨大的。首先，雅典民主的参与权并非如现代基于居民，阿提卡的女性被认为是不完整的人〔女性不具有人权，但直至法国大革命时期仍有争论〕，奴隶被认为是物品，不算人；其次，制度的不完善导致政府的效率非常低。政治家们为了名利经常借演讲互相诋毁，选民的民意会受在剧场中上演的政治讽刺戏剧的巨大影响都是无法忽视的事实。然而由于参与权有无的划分与经济上的阶层无关，因此雅典民主的选民参与程度在那个时代来说已经非常高。这种制度为希腊文明的发展做出了巨大的贡献。（以上两段文字借用于维基百科，致谢。）

据罗马史，罗马王政时期最后一任国王卢修斯·塔克文·苏佩布的儿子强暴了一位贵族妇女卢克丽霞，并造成此妇女自杀，其亲戚布鲁图斯因此起兵推翻国王。前511年卢修斯兵败下野并被流放，罗马王政时代自此结束。罗马共和国正式成立，国家由执政官、元老院及人民大会三权分立。掌握国家实权的元老院由贵族组成。执政官由百人队会议从贵族中选举产生，行使最高行政权力。部族大会由平民和贵族构成，议会领袖称首席元老，七年为一期，一人至终身为止最多做三期，由平民大会选出。

驱逐国王之后的最初十六年，罗马陷入了长期的所谓骚乱之中。前 494 年，当时罗马同邻近部落发生战争，而罗马平民拒绝作战，带武器离开罗马，史称"平民运动"，在这种情况下，贵族被迫承认了平民选举保民官和召开平民大会的权力，平民所选的保民官，负责保护平民的权利不受贵族侵犯。公元前 471 年，平民大会获得特里布斯会议称号，但其决议仅对平民有效。（以上两段文字借用于维基百科，致谢。）

当今欧美不尽雷同的政体都留下民主共和的影子。西方现代民主制度在祖先留下的宝贵遗产中，逐步改进，完善，形成了相对稳定和谐的国家系统。而中国人的血液里却缺乏这样的基因，以至于一个个像走马灯一样，你争我抢，打打杀杀 2000 余年，用鲜血和尸骨堆筑成一个个的王朝。这就枪杆子里边夺政权的恶型循环。至今，统治者还坐在打江山坐江山的龙椅，威风凛凛，煞有介事。他们极力排斥西方的精髓，不能迷途知返。

2.　　人文
主导中国的礼教。
尽管中国有过一次历时 250 年的百家争鸣，但到了西汉初期的武帝则开始独尊儒术。

2000 多年来，儒道和儒术成了统治阶级得心应手的利器。儒家思想的要点有克己复礼、三纲五常、忠君爱国、刑不上大夫、礼不下庶人、民可使由之、不可使知之、学而优则仕、仕为知己者而死，等等糟粕。

三纲五常和君君臣臣的礼教成为束缚人民的思想的桎梏。诸如"君叫臣死，臣不敢不死；父叫子亡，子不敢不亡。"三从四德把女人当成奴隶，没有自己的选择和自由。而男人却可以三妻六妾，甚至多达 72 个偏妃。

"学而优则仕"则把做官当成知识分子的唯一途径。做了官就有了地位，就可以享受到普通人没有的礼遇，还可以免去普通人会遭受的刑罚。知识分子谋求官职前对权贵们的摇尾乞怜，卑躬屈膝；一旦为官，又会对领导感激涕零，甘当鹰犬。在孔子时期，知识分子三天不当官，就会相互劝慰。

在这样的礼教下，皇亲国戚可以盘踞宫廷，文武百官也能纸醉金迷。在这样的制度和官场中，很难有人凭空构想出一个自由民主的宏图，让大好的江山和蟒袍玉带毁于一旦。即使有人提出这样的想法，也会被皇室和权贵们扼杀。

3 地缘

从地缘角度看，中国基本上是内陆国。北边是以畜牧民族的匈奴和东北部的女真为邻。这些民族文化落后，地处严寒，因而觊觎南边的沃土绿洲。自南北朝少数民族就开始把势力申到中原。后来还开启了元、清两朝，在中国实行了两次逆向殖民，文化落户的民族占领了文化先进的国度。尽管他们把游牧和嗜杀的落后文化带到中原，但由于文明落后，人数少，于是又被中原文化同化，还学会了继承和发展。这方面女真人学得还滋滋有味，居然烘托出个百年盛世。可惜他们发扬光大得不是时候，这时的欧洲经过文艺复兴，思想解放，正在开展震惊世界的工业革命。

中国大陆只有东边一面环海，而且距离日本和菲律宾都在 400 英里之远。况且日本没有自己的悠久文化，南亚诸国也相对落后。即使如此，明朝的海禁还强行闭关锁国的路线。西边则有大漠和青藏高原的阻隔，西南又有喜马拉雅的拦截。从地理上看，中国在文化上基本上是一元的。临近的朝鲜和越南虽有往来，他们又曾做过中国的属国。因此，中国人只知中国，不知有他。这种独立发展的文化所形成的悠久历史又成为中国人的包袱。因此两多年来如井底之蛙，自我封闭，难有进取之志。这种封闭也影响到生活方式，甚至医学的发展。

文人出口之乎者也，落笔风花雪月；中医停留在内径素问，中药局限于本草纲目。自三大发明后，中国对世界文明的贡献几乎是零。这个历史悠久的民族原地踏步已久，到了 20 世纪，才把狼毫小楷换做钢笔、圆珠。更有甚者，还有人在民国初期把"留发不留头"的恶令当成老祖宗留下的戒律。简直到了浑浑噩噩的程度。

内陆文化和环境使得中国以农为主，重农轻商。因此延续千载的模式则是小农经济。囿于小农经济的农民常年被束缚于黄土地上，自给自足。形成了自私保守的习惯。他们能求温饱，延续香火，便心满意足。对外界的事不愿关心过问，对政府的横征暴敛则逆来顺受。这一个散如沙粒的广大群体显然不会自发产生自由民主的理念。

小农有了钱就想保住自己的财富，流给子孙。到了今天，他们如果对政府不信任，还会千方百计把财产转移到国外。而欧洲文化中的有钱人往往用捐赠的办法，回报社会。从有钱人的消费方式来看，欧洲人目光远大，关心作为社会整体的国家；而中国人则目光短浅，更加注重自己的家庭和血脉。前者为了大义，容易走向共和；后者出于私心，更易倾向专制。上边紧握世袭的权力不放，下边又麻木不仁，有小日子过就蛮好。

对比之下，欧洲三面临海。除了瑞士、奥地利、捷克等，其他国家和民族都有海洋出口。除了英伦三岛，还有众多半岛，比如伊迦利亚、斯堪的纳维亚、亚平宁和巴尔干等。意大利、西班牙和维京（Viking）几乎被海围绕。组成欧洲的基本上是海洋国家，这决定了欧洲外向型经济，和多元文化，还有大海衬托的美好风水。古希腊的哲学家和科学家、意大利的文艺复兴、英国的宪章运动和工业革命都在欧洲发生，欧洲的文明离不开海洋。

欧洲基本上由众多国家组成，不论国土的大小，都各自独立。由于山脉河流的阻隔，以及民族文化的迥异，欧洲还没有一个类似秦始皇的伟人，成功地完成大一统的事业。大国也很少想吞并列格顿士登和卢森堡这样的小国。这些国家在文化和经济上来往密切，使得欧洲的文化透着多元和包容。

由于从海路、陆路可以抵达北非和西亚，又形成了地中海文化、波罗的海和爱琴海文化，海洋成了国家间交流的渠道。除了文化，还促进了商品的交流。重商的欧洲经济模式使得商家与商家之间，国与国之间注重契约。契约精神使得欧洲人学会借助谈判协商的途径解决分歧。这种方式比中国历史上的相互征服血腥厮杀要文明多了。多元共存和契约精神也是欧州能够走向民主共和的一大原因。

4　探索精神

古希腊的哲学思想鼓励人类对物质世界探索和认知。这样的指导思想带动了古希腊对自然科学的重视。欧洲民主共和的发展完善离不开祖上留下的科学探索精神。古希腊的哲学家和科学家成为欧洲科学研究的先驱。

亚里士多德(Aristoteles, 384 年—322BC.)是古希腊最著名的哲学家、渊博的学者。他总结了泰勒斯以来古希腊哲学发展的结果，首次将哲学和其他科学区别开来，开创了逻辑、伦理学、政治学和生物学等学科的独立研究。他的学术思想对西方文化、科学的发展产生了巨大的影响。（以上段落参考了 https://www.ajpsp.com/zuoye/5404897， 谢谢）

阿基米德是古希腊物理学家、数学家、静力学和流体静力学的奠基人，提出浮力和杠杆原理。他是理论天才与实验结合的科学探索者。

此外还有著名的几何学家欧几里德、天文学家托罗密、数学家毕达哥拉斯和阿婆罗尼奥斯等。

欧洲人对科学的酷爱在 14 世纪的文艺复兴中又得到了进一步的发扬。他们在物理学、天文学、数学等方面都有了突破性的进展。其中有哥白尼的日心说。为了真理，科学家布鲁诺还献出了宝贵的生命。此外还有伽利略和牛顿的力学；牛顿和莱布尼茨的微积分；开普勒的行星运动定律，等等。

从那个时期以后，欧洲的科学研究从未停止过。到了 19 世纪末和 20 世纪初，他们更上一层楼。一个是德国的普朗克在解释黑体辐射时，开创性地提出了量子

（quantum）的概念，并由此建立了研究微观世界的新学科，量子力学和量子场论。艾因斯坦的相对论和质量-能量公式则扩展了人们对物质世界更广泛的认知。

欧洲的科学研究成果在生产实践中的应用推动了技术革新。而技术的革新又推动了机械化、产业化。生产国模的扩大引起了社会效应，分散的个体经济发展为集体或群体的活动。于是按职业的分工又有了企业家、银行家、工程师和工人。为了捍卫各自的利益，他们又建立了各种协会、工会等组织。这些组织需要他们在政府中的代言人，于是加强了国会或议会的作用。这种集体化的结果使得他们不会寄希望于某个权威的一尊，而更加偏爱民主共和的体制。这种制度最大程度地解放了生产力，提高了民众的生活质量。

比较而言，中国的先秦诸子百家多以辅佐政权为目的。兵家要打仗，法家要治国，道家要无为，儒家要恢复周礼。不在此列的只有墨子和公输班。墨子重视科学，但多带思辨的色彩。鲁班是位木匠，相当于现代的建筑师。孟子主张"民为重，君为轻，社稷次之。"但又不是儒家的主流。因此，古代贤达在科学探索发明和民主概念上没有留下多少遗产。尽管儒家有格物致知的提法，但意思不清，且无身体力行。

儒家的"学而优则仕"又把当官当作知识分子的唯一奋斗目标。中国知识分子的这一追求比起欧洲的科学家们，显得自私自利。因为他们当了官，就可以一跳龙门，身价百倍。而科学家的目的单纯，他们要探索物质世界，把知识献给人民。他们没有利益的怂恿，没有政府的支持，有的还会穷困潦倒，甚至失去生命。就追求和奉献而言，欧洲知识分子的心胸要比中国知识分子开阔。

因此，民主共和的思想在欧洲知识界不会遇到阻力。而中国当了官的知识分子则会效忠主子，保住自己的地位。无论从皇帝或大臣的角度，他们都不愿意民主共和，失去特权和地位。如果拿着定于一尊和民主共和两道菜谱交给欧洲的知识分子去选择，显然他们会喜欢后者，因为自由的氛围有利于他们的追求和爱好

5　敬畏

到了欧洲，游客会发现，最庄严辉煌的建筑就是教堂。世界驰名的就有米兰主教座堂、巴黎圣母院，和科隆大教堂等。这些教堂的主要材料是石材。石块、石柱和石梁硕大沉重，一座教堂的完成常常需要几百年的时间。这足以证明欧洲人民对神的敬畏。在神的面前，人都是渺小的，普通的。因此他们容易在神的护佑下平等相处，人人都渴望生来就有的权利-人权。

由于中国的朝代都靠武力争杀建立，或者靠军权谋篡。因此中国是一个崇尚武力的国家。胜者为王，败者为寇，这里绝对没有理由或律条可依。

新朝开始后，胜利者有无上的权力，自命为真龙天子。龙是中国选作图腾的张牙舞爪的神兽。人们对龙的慑服转而对皇帝的畏惧和崇敬。不同的敬畏对象形成了东西方信仰的分水岭。欧美国家，信奉尊重的是神；而独裁国家则把领导人当作神。实质上，他们敬畏的还是人，武装到牙齿的人。

到了今天的网络时代，尽管有防火墙隔离，我们还是可以发现，西方的领导人，不管是总统、总理、抑或参议员，他们和民众一样，都是普通人，甚至还会感染冠状病毒。而独裁国的毛泽东、习近平这样的则是人上

人。他们是天生的主宰者。出门前呼后拥，进门仆从伺候。他们可以修改法律，他们可以践踏民意，他们可以让子孙继承。

他们依靠军队和警察，管束压制百姓。他们控制舆论，灌输和麻醉百姓。他们世世代代可以过骄奢淫逸的生活。中国最华丽的建筑是皇家的宫殿、行宫、还有陵园。因为这些建筑为他们自己而建，为了及时享用，必须在短时间完成，所以中国的建筑多以木料为主。这种建筑风格和速度也反映了统治者急功近利的心态。

皇地本身也是小农，只不过他们的自私保守达到了顶峰。他们宁死也不 愿失去打来或传下来的江山，不愿意放弃恣意享乐的天堂。而民主国家的领导人靠选举产生，他们除了职务特别，没有比公民高贵之处。他们的职务不能传给子孙。他们必须遵守和常人一样的法律。媒体可以随时跟他们争论。总统犯法，还会被弹劾。

在独裁统治者眼中，当这样的总统没有任何特权，拿着有数的工资，想撤掉一位州长，都没权力。独裁者自然会感到他们被关进了笼子，再也不能作威作福，奢侈腐化。更不能三宫六院，一言九鼎。

民主制度再好，在中国的现代独裁者眼中也是仇敌。因此，他们必须对自己的百姓天天谩骂仇视西方的民主。把民主当成"具有亡我之心"的幽灵。可自相矛盾的是，他们又羡慕西方的生活方式，愿意自己的子孙到那里去享受。于是才有了中国全盘西化，唯独把民主制度当成了孤立奇点，制度的差别成了统治者无法逾越的鸿沟。

不仅如此，独裁统治者除了对民主制度攻击诽谤，还要自不量力地击垮人家的那个系统，于是频频对西方亮剑，展示武力。还要迫使人家跟他们这样的人类共同。

然而，民主共和已经成为世界潮流，势不可挡，任何抵制和反对都是徒劳的。早晚，独裁者会有齐奥塞斯库、卡达菲、萨达姆，或者乔森潘那样的下场。胜利属于人民。

6　讨论

上边的讨论中，前几个原因，先天、人文、探索精神和地缘，探讨了民主共和为何不能在中国产生的问题。而第五条对人的畏惧和统治者的特权，以及特权的传宗接代，回答了中国为什么拒绝民主共和的原因。对上可以简化为八个字，独夫民贼，极端自私。对下则因为小农经济导致了专制滋生的土壤。在中国专制制度基本可以畅行无阻，老百姓盼望的是一个好皇帝，他们无权挑选一位代表他们利益的总统。

实际上，上帝已经给予我们两次民主共和的机会，一次是辛亥革命，一次是文革之后。清末，以孙中山先生为领袖的辛亥革命，流血牺牲，几经失败，终于在1911年驱逐了鞑虏，恢复了中华，实行三民主义的建设。无奈被后来的共产党武装取而代之。独裁制度卷土重来。孙先生的联俄联共政策为三民主义的道路埋下了内乱的种子。

另一次是文革后。举国上下痛恨极左的十年给国家造成的伤害和破坏。这时有威望的邓元老站了出来，否定了毛泽东的经济路线，但他秉承了毛的政治路线，继续四个坚持。在 1989 年的学潮中，他又扮演了刽子手的角色，不惜以牺牲爱国青年的鲜血来涂染江山的红色。由于体制上的保守，至今，他所创造的经济成果也毁于一旦。实际上，他所勾画的是另一次洋务运动，只不过碰到世界经济一体化的机遇，让中国"崛起"。如果他老人家当初振臂一呼，实现民主共和，那今天的中国又会是另一种命运。

有人问，同在东方，为社么日本能够接受西方的体制，并且干得不错？首先日本没有悠久历史的包袱，日本民族对异地文化采取了兼收并蓄的态度。日本地少人多，资源匮乏，岛又多震，因此他们有民族危机感。如果他们发现对民族生存有更佳的方案，不会拒绝。当然还有战败后，美国对日本的培养和帮助。

那么台湾呢？ 在明末清初，台湾曾成为荷兰的殖民地，历史 38 年。因此台湾本土对西方文化并不陌生。甲午战败后，台湾又沦为日本的殖民地，于是受到东洋文化的影响。大陆转手后，国民党政府退守台湾。由于他们继续三民主义的主旨，以宪政为目标，民主共和自然是他们的选择。故而，到了蒋经国先生的时候，瓜熟蒂落，台湾成为民主过渡的模范。

清末，中国大陆虽然局部地区有租界或割让。但总体上千年文化没受到西洋文化的强烈冲击。中国的资产阶级力量十分薄弱，对毛泽东领导的农民暴动不能根除。加之日本人的八年侵略，使共党做大。而国军力量却有所消弱。终至江山易主，使大陆的民主共和毁于一旦。

本文对中国知识分子的弱点做了不少负面描述。但科学在中国历史上也不是一片空白。早在东汉时期就有一位天文学家、数学家、文学家，张衡，他发明了地动仪。同时期的贡献还有九章算术。兹后，还有杨辉、祖冲之等数学家。

但由于知识分子作为整体的努力都为了做官。因此科学成就星星点点，不能形成一股力量。这力量的体现就是中世纪欧洲诞生的大学。当学子们进入欧洲的高等学府的时候，中国的杨家将们正在被困两狼山，战况胶着。欧洲的大学不断发展完善分科，许多著名的科学家都是大学或学院的教授。与此相应的中国则一直把私塾当作教育的基本，四书五经一直被拜为金科玉律。直到清末，才开始派人留学欧美，开闯新学。比欧洲落后了千年。

由于文化教育的因循守旧，中国自上而下很难接受新生事物，包括基督教与科学。历史上，中国有多次变法，没有一次成功的，而且变法多以血腥杀害的结局告终。民主共和的制度不同于历代的旨在维护皇权的变革，他要消灭皇权，消灭皇宫大臣世袭的俸禄和特权。很可能还会把竭力反抗的统治者送上法庭，甚至绞架。因此，在中国实现民主共和的阻力重重。连那些被灌输蒙蔽后帮人数钱的良民也会极度反感。因此，实现自由民主可能会付出极大的代价。但诚如朱镕基总理对下岗工人说的，长痛不如短痛。

在我们借鉴西学的时候，也不该妄自菲薄，失去勇气。中国历史上不光有过诸子百家、数学家、天文学家、诗人、医学家、政治家、军事家，也有过几位励精图治的好皇帝。比如汉初的文景之治，唐初的贞观之治。就连明朝的末代皇地崇祯也能体恤百姓，发罪己诏，只恨大势已去，无可奈何，1644年，最终这位不幸的皇地自尽于煤山。侵略者为他立碑，追谥为"大德慈悯昭烈皇帝。"

人们熟悉的还有大辫子戏不厌其烦地歌颂的康乾盛世（本人持保留态度）。至于毛二世的民族中兴，那纯属扯淡。

实际上，比西方的文艺复兴稍晚一些，在明朝末年，中国也出现过几位博学卓见的学者，如王夫之、顾炎武、黄宗羲等。他们能冲破传统的封建纲常，批评绝对的皇权。他们是早期对封建皇权的挑战者。他们认识到，封建国家只是一家所有，与老百姓没有关系。主张废除专制的国法，建立万民共有的天下。遗憾的是他们生不逢时，赶上明亡清始。加之这几个哲人节气凛然，不仕清廷。因而他们的思想没有光大，更说不上在社会上得以施展。

民国初期的北洋政府，也曾实施总统制，有参众两院。不管两院几经波折和总统更换，毕竟实施了知进退能上下。炎黄子孙也曾走在民主共和的路上。那个时期，在反对21条火烧赵家楼的运动中，我们看到了学生的爱国因素。随后，曹汝霖等三名官员被免职。政府也接受学生的请愿而没有在21条上签字。这说明民主机制在中国有过伐薪初试。

后来，國民党政府领导中國人民付出巨大牺牲，取得抗日胜利。这是三民主义中的民族主义的发扬，而不同于今天的民粹。在二战中，中国政府和人民对世界和平作出了巨大的贡献。

在共产党刚刚成立新政府时，不少海外学子回国参加新中国建设。不管他们的初衷如何，都是中国人民的积极的基因。1949年后，也不是所有知识分子都在阿谀逢迎摇尾乞怜。在所谓的五七年整风中也涌现出一些敢想敢说的仁人志士，他们虽然被"引蛇出洞"而受打击迫害，但是他们毫不畏惧追求自由和民主的精神，在历史上留下了光辉的一页。

即使在文革的暗无天日打压下，也有不少年轻人坚持真理，批判反动的血统论，为此付出了宝贵的生命。还有不少知识分子教授、文艺精英饮恨自杀，用生命和鲜血来抗争。他们代表中国人民宁为自由献身的优秀基因。以后的89民运，学生、广大民众及执政党内的改革派，都选择了正义的一方。尽管64以流血悲剧收场，但是留在中国人民心中渴望民主自由的激情将是永恒。

台湾解除党禁和民主自由的实施，以及香港同胞为了人权不屈不绕的斗争，都反映了中华民族追求进步和捍卫自由的斗争精神。他们代表了中华民族的希望。大陆也会后来会跟上，齐心戮力，不让这个历史悠久的古老民族被世界的潮流所抛弃。

我们相信，中国人民迟早会辨明方向，抓住任何可能到来的国内外的契机，在第三次起跳的时候，越过独裁一尊的栏杆，跨越到民主共和的世界民族之林。

一尊的代价

5-18

上世纪80年代，泛美保险公司出了个吓人的广告：

一个几层楼高的 King Kong 在都市里胡作非为，手舞足蹈，推到楼群，制造了"地方的末日"。这时，泛美大厦挺身而出，厉声疾呼："You, big monster. Who's going to pay for the big mess?"

30 多年后，虽然一直没有 King Kong 出现，虽然纽约的摩天楼和西雅图的宇宙针依旧巍然矗立，但是一个看不见的 monster 却彻底颠覆了人类生活的正常秩序。它摧毁了昨天还是牛市的华尔街，它让意大利的棺材铺天盖地，它叫四年一度的奥运被迫推迟，它在武汉火葬场的大厅里留下一大堆死人的手机，它把全人类推进对共同体的敬畏。地球上的每个人都躲在家里，陷入恐惧：下一位倒下的会不会是他自己？

我们今天面对的已经不仅是一个 mess，而是一个举世混沌的 Chaos。如果人类真的无法制止这个小到 100 纳米的怪兽，我们可以毫不夸张地说，它最终会导致世界的末日。对于新冠病毒所带来的损失和人民的不幸，连在旧金山突兀入云的泛美大楼都哑然无声，不敢挺身而出，重发一次勇于承担的广告。

在新冠病毒面前，什么地震，什么海啸，什么 hurricane，什么 tornado, 它们都畏缩不前，黯然失色。因为这些灾难是定域的，或曰 localized。而冠状病毒可以通过空气，通过互相接触，像链式反应那样，快速蔓延。如今，在三个多月的时间里，它的魔爪已经伸向与 170 多个国家，令 30 多万人感染，1 万 6 千多人死亡。简言之，冠状病毒的血盆大口正在吞噬世界。这是一场 globalized 的灾难。因此，它更可怕。

面对令人窒息的画面，病毒传播的中心国不去追责自己的过失，甚至罪责。反倒对世界的哀魂幸灾乐祸；对自己的些微成果沾沾自喜，弹冠相庆；一遍又一遍地造谣生事，嫁祸于人；还要要求自己的百姓在饱受危难之际，跪拜在他们脚下，山呼谢主隆恩。独裁者趁着灾难把他们自己抬高夸大，结果却无形中把他们丑恶的嘴脸暴露得淋漓尽致，一览无遗。

他们以为，只要制造谣言控制舆论就能渲染出一个病毒的源头，屈打成招。从此他们就可以推脱责任，逃之夭夭。其实撇开源头不说，在病毒初露头角的时候，他们为了维持表面的稳定，打压训诫直言不讳的医生。他们若无其事地继续粉饰太平的春节团拜。他们企图堵住老百姓的耳目，让他们不知道灾难已经降临。不是吗，在病源的发生地居然还有举办万人大宴。他们为病毒的扩散大开绿灯。公平地说，他们有意错过了控制病毒的最好时机。

当他们决定封城的时候，又有几十万武汉人出逃。把病毒的种子撒向全国，带往国外。因此毒源和纵容是两个不同的过失或罪责。无论毒源在哪里，任凭毒素泛滥失控都是失职，都是罪过。如果将来挖出的源头就是他们苦心经营的 P4 的实验室，其结果将是二罪同罚。

外交部的发言人敢冒天下之大不韪，造谣美国在军运会散布了病毒。且不说运动员是怎么搞到病毒并贴到自己身体上。如果病毒投放在十月，那么为什么两个月后，它们才出来作孽。难道病毒会有睡眠的功能，难道病毒可以自我禁闭延迟 60 多天？

武汉肺炎已经肆虐数月。当事国不去认真寻找 0 号病人，不去探寻病毒的来源，不去彻查对吹哨人的打击迫害。反而做贼心虚，不敢公开医疗记录，不敢接受美国专家的援助，还要调用防化兵参与危机的处理。如今，却又此地无银，制作荒唐的谣言。我们不得不怀疑武汉肺炎里究竟隐藏着多少不可告人的猫儿腻。

由于资料的保密，甚至销毁，我们目前无从知晓冠状病毒的源头。但是我们至少找出灾难的政治源头。这个源头就是统治 14 亿人口和大国外交的一尊。

经过江胡两代邓小平奠定的集体领导制，X 某人自以为根正苗红，一步一步攫取权力，成为核心。进而修宪，为终身制扫除"法律"障碍。他把改革开放以来的经济成果归功于个人。兼任了除抗瘟疫以外的所有的领导组长，敬为一尊。在中国凡事都得定于一尊。

在国内，他对舆论媒体实行严格的控制，让媒体姓 X。他重开文字狱，把因为说话写作的自由人士加上颠覆国家政权的罪名，锒铛入狱。他开始在经济上开倒车，国进民退，把私人企业逐步收归国有。他把那些溜须拍马的干部提拔重用。他上台没有几年，就让百姓感到憋屈。连老头老太太们聊天的微信也不放过，雇佣了大批网警，监视这他们的言行，动辄喝茶软埋，甚至逮捕。

在国际上，他想刻舟求剑，重蹈毛皇联俄抗美的覆辙。一方面对曾经帮助中国抗日和崛起的美国频频亮剑，一方面利用前朝积累的财富铺垫所谓的 一带一路，把人民的血汗撒到亚非拉美，野心勃勃地要建立人类命运共同体。为此目的，不惜一次又一次地举行军事检阅，企图用表面的强大对内欺骗百姓，对外宣示武力。同时加强他对军队的控制。

在他独此一尊别无分号的时候，权力冲昏了他的头脑。有识之士敢怒不敢言，阿谀之辈尽是奸佞之徒。报纸上每天都是他的指示，新闻里每晚都是他的恩德。他所关心的是龙椅的稳固。至于百姓生活的艰难，生命的安全，都不在他的考虑之内。

因此，当他听到武汉肺炎的时候，居然不加理睬，不想让病毒冲淡他盼之已久的春节盛况。团拜会照开无误。直到病毒泛滥，他才开始封城。错过了制服病毒的大好时机。以至于全国有 44000 确诊，1100 人死亡。当然，在官方的控制下，这些数字很可能是极小值。

既然你是一尊，你就应该敢于担当，负起责任。在武汉瘟疫泛滥成灾的日子，媒体上不见了一尊的影子。不晓得他躲在哪个阴暗的角落，频发最高指示。他不敢亲临火线，却还扬言亲自指挥，亲自部署。还冠之以"重大改革"，提出了 15 个体系、9 种机制、和 4 项制度。在老百姓跟死亡搏斗的时刻，他依然夸夸其谈，令人哭笑不得。他的水平，不用说一尊，就是在中国选出一亿的天尊候选人，也轮不到他的头上。

对内，他欠百姓一个说法，一个罪己诏。对外，他欠世界人民一个交待，一个赔偿。

世界的命运不会被一两个狂妄之徒掌控。既然有愚蠢恶毒的罪犯释放病毒，扩散病毒，就会有聪明正直的人反制病毒，歼灭病毒。尽管新冠病毒在世界范围内导致的感染数（confirmed case）还在与日俱增。但是人们有信心，一定会有免疫试剂和药物研发出来，制止它的传播，恢复人类社会的正常秩序。

病毒的研制和扩散发生在一党专制一尊独行的国家并不奇怪。从上边说，一尊志大才疏，好大喜功。以小学的程度，靠权势盗取博士的功名。谋权有术，理政无能。加之，他承继毛氏的意识形态与世界民主国家为敌，视国内百姓为奴。在利令智昏走投无路的时候，他很可能做出任何伤天害理的事情。

从逆向淘汰的官员群体来看，他们都靠溜须拍马上台，他们只对一尊效忠，只对上级负责。当灾难到来的时候，他们不会立即着手救助百姓。而是听命于一尊，等待批示。置百姓的安危与不顾。

从百姓来说，他们没有言论和思考的自由，他们只能听信官方霸占的报纸电视的宣传。从老到幼，即使留学美国，他们仍旧麻木不仁，以愚忠为荣。毛遗留的思想意识像一根钉子扎进他们几代人的体内，与血肉相连，不可自拔。即使有几个头脑清醒的，也会被公安缉拿入狱，加上手铐和脚镣。

因此，独裁国家的臣民不会有也发不出他们的声音。他们挣扎在学区、物价和吃喝之中，自以为那就是康乾盛世，民族的中兴。没有外来的力量，很难让中国梦里的黎民百姓猛醒。晓波先生的 300 年外教绝非妄语。

这几种因素合在一起，让国家沉沦，让百姓遭难，有时还会引起世界愤怒和不安。

然而，即使人类把新冠病毒一举拿下，我们也不能忽视这次瘟疫对人类的潜在威胁。那些时刻把自由民主当作敌人的独裁者很可能从这次灾难中利令智昏，尝到"甜头"，他们会把病毒当成武器。变本加厉地利用 P4 和军队加紧研发新的病毒，在某个时候杀伤人类。和原子弹、氢弹相比，生物武器的研发、运送都不需要繁琐的工序和资金。当他们的内外政策难于为继的时候，很可能会铤而走险，把病毒当成杀手锏，破坏世界几千年建立的文明，毁灭人类和地球。实现他们罪恶昭彰的目的。

因此，世界上正义的国家和善良的人民，在跟病毒斗争的同时，有必要追查责任，揪出病毒的制造者、散布者，和纵容人。把他们送上国际法庭，赔偿给各国人民造成的损失。让他们永远抬不起头，没人胆敢步他们的后尘。

同时世界需要建立新的秩序或条约，监督管理独裁国家的生物实验室。一旦发现图谋不轨，号召世界人民齐声讨伐他们，予以制裁。维护世界的安全，保障人民的健康。

两次洋务运动的归宿
5-9

在近代百多年的长河中，制度顽强的中国经历了两次洋务运动，并两次宣布了中学为体的告终。

第一次洋务运动发生在 1861 年—1895 年，持续 35 年。第二次洋务运动发生在 1978 年—2020 年，持续 42 年。虽然相距 127 年，但异曲同工，都没逃出失败的命运。

第一次洋务运动发生在鸦片战争和太平天国起义之后，满清政府满目苍夷，岌岌可危。于是有人献策"师夷长技以自强"和"师夷长技以求富"。洋务运动主张中国接受并学习西方在自然科学和商务、教育、外贸、万国公法等社会科学上的优势。而中学为体的主张则是继续清王朝封建统治。中国企图借用西方造船炮、修铁路、开矿山、架电线等工业，以及文化教育的办法挽救政权存亡之危机。洋务运动取得了一定的成果，为中国的工业化、现代化奠定了初级的基础。

第一次洋务运动失败有两个原因。一个是慢性（chronic）原因，这就是清政府的腐朽没落。从皇家到官宦，贪污腐化，奢侈享受。这些因素限制了工业的发展和军事的壮大。另一个是急性（acute）原因，这就是发生于 1894 年的甲午海战。北洋水师的炮弹非不利矣，军舰非不坚矣。但是在自家的海面被劳师远征的日本人打得落花流水，全军覆没。清政府不得不接受马关条约，割地赔款。本来要以夷制夷，夷本指西方列强。没想到败在不屑一顾的倭人手里。洋务运动画上遗恨失吞吴的句号。

孙中山先生和他创立的中华民国总结了洋务运动失败的教训，不光要西学为用，还要西学为体。于是他几经失败，流血牺牲，建立了三民主义的共和国，其目标是实现宪政。可惜中华民族命途多舛，内有军阀混战、共匪作乱；外有日本铁蹄，虎视眈眈。这个脆弱的新兴政府终于败给被所谓的主张共产的专制有加政权。只好饮恨偏隅，到一个小岛上去经营三民主义的试验田。

毛泽东在长达 28 年的夺权历程中，用打土豪分田地骗得农民的信任与支持。他们趁国难之危，发展壮大。于抗战胜利后，只用了三年多的时间，便势如破竹，"钟山风雨起仓皇，百万雄师过大江。"就打江山而论，他运筹帷幄，纵横捭阖，其能力心计远在刘邦和朱元璋之上。

可是，以他为首的一群农民将领和知识鹰犬在打江山时虽然捷报频传，但他们在坐江山的舞台上，却呈现出拙劣的表演。他们大兴文字狱，灌输全民一统的思想观念。其独裁专制的程度超过历代。在马列教条的意识形态指导下，他们企图靠运动和口号治理国家。从 1949 到 1976，他们头昏脑胀，变本加厉。运动此落彼起，接连不断。镇反、抗美援朝、土改、合营、反右，人民公社、大跃进、大饥荒、学雷锋、学大庆、学大寨、四清，直至史无前例的火烧全国的文化大革命。

在二次大战之后，不管是战胜国还是战败国，一个个都在老老实实发展经济，为民谋福。而中国却在在这 27 年时间里七斗八斗，天天折腾，鸡犬不宁。老百姓的口粮强制在 30 斤的水平，副食凭证供应。农民的工分所得还不够一年的口粮。幸亏被监管的是数亿良民、顺民，在饿死几千万的煎熬中，他们居然还把那个饿死他们的"救星"像佛龛一样，挂在残垣断壁之上。

经过十年文革，学校停课，工厂停工，人手一本的小红书居然要把精神变成物质。毛泽东和他的四人帮宁可要社会主义的草，不要资本主义的苗。最后，只落得人才青黄不接，经济停滞不前，百姓怨声载道，既不敢怒也不敢言。在一片萧条破败的唢呐吹奏的尾声中，不知道怎么坐江山的四个伟大，孤独憔悴地走了，死而后已。

面对此情此景，红朝元老邓小平三下五除二，搞掉了他办事毛放心的华国锋，以军委主席的身份，登上太上皇的宝座。说来他自己也是文革的受害者，曾经三下三上，不得不

149

发假誓永不翻案。可以说，这些幸存的功臣对文革也深恶痛绝。如何刹住极左风，走出死胡，同成了他出山后的棘手难题。

在这样的形势下，邓提出了改革开放的方针，摸着石头过河，不管黑猫白猫，能抓耗子的就是好猫。他先从解决经济问题入手，恢复了私有和农村的包产到户。在对外关系上，他凭经验领悟到"跟美国好的国家都富起来了"。于是他在对内改革的同时，也开启了对外的开放。

然而不管是对内改革，还是对外开放，他都留了一手。那就是改革只限于解开经济的枷锁，融入市场经济的成分。但是在政治体制上，他还要恪守四个坚持。即坚持社会主义道路；坚持无产阶级专政；坚持共产党的领导；第四坚持马列主义。其实说白了，就是一个坚持，那就是坚持一党专制。大体上，邓小平的改革与左宗棠、张之洞等人的"中学为体，西学为用"别无二致。所以，邓小平的改革毫无新意，充其量不过是第二次洋务运动。

邓小平对美国伸出的友谊之手是有保留的，这就是他的韬晦之计。韬晦或曰韬光养晦，意思是指隐藏才能，不使外露。画外音就是等待时机，居心叵测。A 对 B 韬晦表明 A 不会做 B 推心置腹的朋友。而是为了困于现状，不得不装孙子。然后伺机而动，最终取胜后者。他要学勾践或刘备，在强敌面前牵马坠鞍，闻雷失箸。一旦时机成熟，则翻脸不认人，引兵征讨。因此，韬晦就是暗藏玄机，韬晦的目标就是亮剑。不管邓大人居心如何，美国凭借商贾的敏感嗅觉，接受了中方暗送的秋波。在江朱的配合下开始为时不长的蜜月。

于是美国的大亨们纷纷到中国投资建厂，并且为中美合资的产品开辟市场。中国则征用了大量廉价的劳力，农民工。中国还贡献了环境和资源，兼天时、地利与人和为一体，改革开放速见成效。大楼平地而起，高速路迅速加长。

一部分人也成了暴发户，开上豪车，住上别墅，睡上三奶，集体到欧洲的奢侈品店炫富扫货。银子哗啦啦地流进国库和贪官的私囊，GDP总值跃然提升到全球第二。

然而崛起还不能说是第二次洋务运动的成功。因为崛起后的财富冲昏了上层的头脑，对下则蒙蔽了百姓，他们误以为在专制的体制下，中国也可以繁荣。不少人居然相信取代美国地位的时刻已经来临。

崛起带来了新的问题，官场贪腐成风，商界投机取巧，百姓则吃喝玩乐，世风日下。房价、医疗费用和学费漫天暴涨，钱多了并没有让百姓脱离困窘。加之环境污染，资源枯竭，一带一路，成了好大喜功好高骛远的高昂代价，为后来的发展杜塞了进路。显然，这些崛起的副作用与中学为体密切相关。因为专制和人治限制不了官府的监守自盗，法不健全也成为财富积累的漏洞。

2020年初，一场武汉肺炎惊动世界，病毒传向了所有有人的角落场所，在负能量的意义上，提前实现了一尊鼓吹的"人类命运共同体"。世界经济拉起警钟，陷于萧条停滞。中国在病原问题的转嫁和对病毒蔓延的隐瞒，以及后续的掩饰，丢掉了留下本来不多的信誉。当然病毒的双刃也葬送了崛起国的活力。一根支撑一国经济的电线杆子，颓然倒下。

观今鉴古，这两次洋务有点有什么异同呢？

共同点在于社会起因，即他们都是在国家遇到挫折甚至失败的局势下产生的。第一次因为清末的内忧外患奄奄一息；第二次则因为文革后经济的萎缩和迷茫。

此外，这两次洋务运动采用的方针都是中学为体，西学为用。抱守残缺的上层没有一位像日本伊藤博文那样的开明之士，在政体上开刀，甩掉幕府系统。

此外，两次洋务运动的出发点也大同小异，这就是力挽统治集团日暮途穷的走势，并且把矛头指向外敌。这就是

"以夷制夷"和韬晦亮剑。两次洋务运动并没有把改善民生放到首位。最多也就让统治者的子孙和有门路的投机客先富起来。他们不能代表大多数人的利益，这也是失败的一个原因。

那么两次洋务运动有什么不同呢？

第一，　第一次洋务运动的启动靠的是前朝留下的银子，用这些钱修铁路，建工厂，修铁路。第二次洋务运动的激活靠的是世界经济一体化的新形势。具体地说，就是美国和其他西方国家对中国的投资、技术支援和留学生的培养，还有消费商品的广阔市场。

第二，　第一次洋务运动的间接原因是腐朽的制度，直接原因是日本人的侵略。第二次洋务引动的间接原因是死灰复燃的毛泽东意识形态，直接原因是冠状病毒。

第三，　第一次洋务运动虽然失败，但留下了技术开发的成果，如新学、铁路、矿山，及机械制造等工业雏形。第二次洋务运动留下污染的环境、失业的农民工，以及维护高楼大厦、高速公路和高铁的费用。

第四，　第一次洋务运动后，激发了仁人志士和以孙先生为首的三民主义创举。第二次洋务运动的繁荣假象和官方的宣传麻痹了一批义和团式的"爱国者"，小粉红，在他们身上埋下了盲目仇外"认祖归宗"的民粹稻种。

第二次洋务运动的失败告诉我们，没有一个制度的保障，没有一个健全的法律，经济上即使有一时的飞跃，甚至"盛世中兴"，但不会持久。人治的本质就是一个人登上大位，他就可以用自己的意志去改变国家，去主宰万民。如果这个人弱智轻狂，如果这个人重新捡起已经被抛到垃圾箱的腐朽观念，如果这个人把帮助国家振兴的友邦当成仇敌，频频亮剑，那么经济就会重新退回到崩溃的边缘，人民就会重新回到水深火热的过去。

第一次洋务运动靠的是库银，总有花尽的时候；第二次洋务运动靠的是外援，又被自己的亮剑斩断。那么还会有第三次洋务运动等待我们吗？100 多年里的两次试验已经宣告了洋务运动的破产。

如果有朝一日，还能再来一次洋务运动，那将是双腿健全的"西学为体，西学为用"。彻底摒弃老祖宗留下的专制和人治的弊病。

美国是中国的敌人吗？
———拨开仇美的迷雾。

如果一个国家只允许一种声音，那么，谣言也会成为真谛。

自 2012 年 18 大交接以来，新老班子都提出不走邪路，这邪路就是美国三权分立的制度。为了说服民众，还暗指美国"亡我之心不死"。30 多年的改革开放中，美国扮演了什么的角色，有目共睹。人家提供了资金、技术和市场。可以说没有美欧的合作，就没有中国经济的繁荣。当然，任何合作都是互利的，美国和欧洲也获得了相应好处。

18 大以后，新上任的核心被崛起的成就冲昏了头脑，以他小学水平的智慧，误以为邓小平的韬晦之计已经过时。于是他开始亮剑，重走毛泽东放弃的联俄抗美老路，按马克思的嘱托，为资本主义挖掘坟墓。

武汉瘟疫爆发后，外交部的几只战狼含沙射影，竭尽造谣污蔑之能事，在几个星期的时间里，就把美国打造成与中国不共戴天的敌人。

朝俄最早关闭边界，她们不掷一词。但对后来停航的美国却牢骚满腹，嘟嘟囔囔。那位赵家人利用职务之便，把武汉病毒说成由美国大兵带来。另一个则叫嚷，美国没给他们任何援助。这几个轮番发言的战狼，有时像怨妇，有时像泼妇，有时又是长舌妇。把谣言和谩骂的本领尽兴发挥，美国就这样又成了中国的敌人。令人百思不解的是，不光国内被屏蔽的良民、团民相信这些鬼话，就连在美国留学的小粉红，甚至拿 US 退休金的精英也坚信了发源地就在美国。

CCTV 抢占上甘岭山头，动员了所有的火力对美国国务卿蓬皮奥一阵扫射，接着又把火力转向前总统顾问班农。美国官员一下子成了人类公敌。这还了得！难道你 CCTV 就是人类？

我们不禁要问，美国与中国分居在地球两侧，一个白天，一个黑夜，相聚甚远。打起架来，胳膊再长也碰不到对方。这两个国家怎么会成了仇敌？如果真的那样，这仇敌是从什么时候开始的？

为了阐明历史事实，我们不妨从一个故事说起。

1879 年，美国第 18 位总统格兰特将军访问中国，受到直隶总督李鸿章先生的盛情接待。李发现格兰特将军的手杖十分精致，上端有一颗巨型宝石，周围又镶嵌着一圈小宝石。将军见李大人爱不释手，便说："如果您喜欢，我可以把它送给您。但我需征得美国人的同意。"

将军言而有信，把赠拐杖一事嘱托家人。1897 年，李中堂顺访美国。在欢迎李的宴会上，格兰特夫人当众提到"赠杖之约"。征求与会者同意，当即把手杖送给中堂大人。

这个故事虽然是两个人之间的事，但他们各自代表了中国和美国。因此这也是中美两国之间的友谊。当时，美国年轻富有，而中国则伤痕累累，贫穷落后。美国并没因此小觑中国。和他们所推崇的人权一样，国与国平等。

美国对中国的援助远不止一根拐杖。他们用庚子赔款创建了至今还值得炫耀的清华；他们帮助中国修建了至今还是一流的协和医院。美国还通过教会帮中国建立了燕京大学、汇文大学、华北协和女子大学、圣约翰大学、金陵大学等等。无论你怎么嘀咕瞎想，这些援助也不像一个敌人的所作所为。

在民国期间，许多美国人的名字都应该刻在历史教课书上。这些人里有在中国传教办学的司徒雷登先生、在中缅边界抗日的史迪威将军、指挥中国空军美国大队的陈纳德将军、为中国内战调停的马歇尔将军等。

在抗战期间，美国曾向中国提供贷款和武器。大家都记得第一夫人宋美龄女士在美国的演讲。抗战胜利后，美国承认中国在二战中的地位，使中国成为联合国的常任理事国。

从满清到民国，美国一直是中国热情慷慨的朋友。抗战的胜利离不开美国的支持援助。日寇的投降也离不开两颗核弹的威力。那么美国到底在什么时候成了中国的敌人？

1949 年，共产党取得政权的时候，正值二战结束不久。国际关系新格局分为两极，出现了以苏联为首的社会主义阵营和以美国为首的资本主义阵营。毛泽东认为中国人不是倒向帝国主义，就是倒向社会主义，绝无例外，没有"第三条道路"。于是他执行了一边倒的政策。无产阶级革命的意识形态使他投进斯大林的怀抱，把曾经是中国的朋友的美国当成了敌人。因此在某种意义上，美国是毛泽东选择的敌人，他又强加给中国人一个观念，即美国是敌人。历史已经证明，苏俄不是可靠的朋友，美国也不是永远的敌人。如果能够时间反演，毛泽东当时做了错误的抉择。

这时的敌人还只有概念的意义。到了抗美援朝的时候，中美则成了真刀真枪血溅沙场的敌人。

二战结束后，朝鲜以北纬 38 度为界，分为南北两部分，各立政府。北部亲苏，南部则亲自由世界。

朝鲜人民军在 1950 年 6 月 25 日以反击侵略为由越过三八线大举进攻韩国。长驱直入，攻陷汉城。这时以美国为首的联合国军介入，以仁川登陆扭转战局。在战况逆转的情势下，中共在 10 月决定派志愿军入朝参战。中美之间从此结下梁子。

中国的新政权刚建立一年，经过八年抗战和四年内战，圣痕累累，民不聊生。毛泽东此刻又让中国卷进一场国际战争，开始一次豪赌。经济负担占国民产值的 1/4，令几十万中国青年丧生。结果，跟美国成了战场上的真实敌人，还拥立了一个世袭的金氏王朝，让朝鲜人民陷于水深火热之中。

中国冒着生命和经济的损失，最后打个平手，于 1953 年签订停战协议。

抗美援朝使得中美不光是意识形态的假象敌，还成了决战疆场的仇敌。这个敌人又是毛泽东一手制造的。人民不过是牺牲品，跟着他吃苦受罪。

抗美援朝后，中美之间也不是一点来往都没有，1954 年到 1970 年，北京政权和美国之间在瑞士日内瓦以及波兰华沙共举行了 136 次大使级会谈。当然会谈只流于形式。

从 50 年代后期，中苏两党产生分歧，开始对立。中共于 60 年代初连发九评，批判苏共的修正主义路线，把自己当成马列主义的忠实信徒。到 60 年代末，苏军大兵压境，还在还在东北边界的珍宝岛发生冲突。这时毛泽东的一边倒路线遭到沉重的打击。俄国人靠不住。

1971 年，美国总统尼克松权衡利弊不计前嫌，向还是毛泽东统治的中国亮出了橄榄枝。他的破冰之旅打开了关闭 20 多年的铁幕。从此中美之间又恢复往来。毛泽东在贫困交加的时候，接受了美国。从此化干戈为玉帛，两国开始友好往来。昏庸了 20 年后，他总算做了一件好事。尼克松总统因为水门事件在美国的评价不那么高尚，但在中国人的心里，却十分伟大。他是一位可以驾驭世界的政治家。

1979 年，在中国改革开放的初期，中美建交。邓小平访问美国，同时，中国开始派留学生和访问学者到美国学习。中美两国领导人也开始互访。这个曾经被意识形态分开的两个大国开始和平共处。

兹后，虽然摩擦不断，但两国关系基本上走势平稳。比如89-64的血腥镇压、南海撞机事件、银河号货船事件、轰炸驻南使馆等，两国领导人能够用克制和谈判的办法妥善解决。对中国友好的不光美国政府，美国人民也伸出了友善之手。他们热情地接待中国的留学生，他们领养了数以万计的中国孤儿。其中多为女童，还有不少患有先天疾病的弃婴。显示出信封基督的美國人的博爱精神。相比之下，中国人确实还缺乏这种崇高的风尚。

东方大国的改革开放和中美间在商务、技术、文化的密切来往促动了世界经济一体化的新局面。这新局面的特征就是第一和第二世界的国家提供投资、技术和市场，第三世界国家，包括口国提供资源、原料和人力。这样先进的国家可以帮助落后的国家，同时也可以得到价格低廉的商品；贫穷国家可以提高自己的生产力，同时增加外汇收入。我们不得不看到，中国的崛起跟这一体化的局面不无关系。中国人应该认识到只有改革开放才有出路，只有维持发展跟美国的友好关系才能使经济形势持续稳固。

平心而论，在江泽民执政期间，中美关系最默契，最密切，开放尺度最大。江提出的三个代表，尽管逻辑混乱，但他要代表多数人的愿望是好的。撇开轮子问题，江时期百姓享有最大的言论自由。刘晓波可以自由出入。江主席和布什总统也建立了比较密切的关系。江的贡献是巩固了中美关系，开启了崛起的势头。

胡锦涛凭借清华辅导员的本事接班为总书记。他的任务就是替主人看家护院。因此，无论内政还是外交，都显得拘谨守旧。对贪官则闭一只眼，不出事就好。他开始对言论自由刹车，体现在访问美国前不再放人，以及对刘晓波的逮捕。还有后来大闹诺委会和平奖的拙劣表演。对美国关系也开始拉开距离。逼得本来对太平洋事物不大关心的欧巴马在黄海一展雄威。但中美关系还没有到风雨飘摇的地步。把接力棒交给下届的时候，辅导员发出了来自肺腑的警句：不走邪路，有人亡我之心不死。

不想，这两句话获得了习近平的共鸣。这个志大才疏的清华博士自以为根正苗红，撇开裸退的胡氏，拍着胸脯，一展宏图。只有他才是中国的主人。毛泽东的共产意识成了他的指南，崛起后的银子成了他称霸的本钱。一带一路，人类命运共同体成了他无产阶级革命的最高夙愿。对内压制有加，对外宣示实力。欧巴马从东亚撤军，又坚定了小习必胜的信念。没想到半路杀出个美国瓦岗寨的大王，川普，针尖对上麦芒。中美关系开始退落，直接体现就是中美贸易战。

从 2018 年开始的贸易战停停打打，反复进退，好不容易达成了初步成果。没想到武汉病毒从潘多拉盒子里钻出。中国不从病毒出现的地方彻查，反倒攻讦美国大兵把病毒带到武汉。加之中国对疫情信息的隐瞒和封锁，激怒了美国。外交部发言人和 CCTV 开始对美国公开使用了敌人，这样仇视的字眼。事情还没有结束，我们不知道中美危机能不能再一次化解，还是继续为敌。吾等只好拭目以待。

自 1949 年以来，中美从仇到友，摇摇晃晃走过了 70 多年。至少有一个事实，我们应该承认：跟美国为敌的时候，我们穷；跟美国友好的时候，我们富。如果为了人民的利益，统治者抛开一党专制的陈腐教条，中国和美国能够友好下去。

归根结底，美国是不是中国的敌人呢？我们不妨采用数学的反证法做个简单的推断。如果没有共产党领导的农民暴动和 49 年的无产阶级专政，美国会是中国的敌人吗？

答案：不会。

换句话说，美国不是中国的敌人，而是中国共产党的敌人。

（本文在撰写中参考了维基百科，特此致谢。）

谁人曾与评说？

2012 年，X 书记如莽昆仑，横空出世，成为在中南海航行的中华旗舰掌门人。仗着根正苗红，年轻气盛，陡然成为 14 亿人民仰望的政治新星，流光溢彩。在厌烦了江朝的腐败和胡朝的平庸后，人民的心里又一次充满了几种不同的希望。A，有人希望他成为彼得大帝，立业辟疆；B，有人希望他成为泽东二世，再起辉煌；C，有人希望他成为格别切夫，告别打江山坐江山的恶性循环。

如今踌躇满志的 X 先生执政已经八年，A 和 C 的希望基本泡汤，只有选择 B 还在路上。

X 书记的火眼金睛在登基前就初露锋茫，一举拿下同门发小，薄熙来同志，为他的政途扫清障碍。薄先生不光在身高、容貌和学位上都占优势。可对龙椅垂涎已久。不除此人，必成后患。

从胡窝囊手中接棒的时候，X 和胡终于找到了共同的起点，那就是不走邪路，警惕西方不死的亡我之心。18 大的交接开始了这样一个事实：从江主席的改革开放开始，胡锦涛的左满舵，再到 X 书记的调头而进，基本上完成一个三阶段的 U-turn。X 充分享用了邓开启江推行的成果，再大张旗鼓地翻转 180 度，重新启动毛泽东号机车，向他出生的年代断然驰去。

X 的第一个政绩就是反腐，一下子把几个曾经权柄在握虎视眈眈的大员收进牢笼。显示了他反腐的决心和魄力。也为他在全党、全国和全军树立了威望。然而人们逐渐发现，X 的反腐是选择性的，一箭双雕。既排除了政敌，又树起威信。要怪就怪百姓太刁钻，选择性反腐也是反腐啊。总比胡窝囊天天敲木鱼念和谐真经技高一筹。

X 的第二件事就是对日本宣示主权，派海警船到离钓鱼岛200 海里附近喷水。让日本人知道，中国人也不是少好惹的。总算报了中国被侵占八年的一箭之仇。当然，他要是派军舰绕着那个小岛转上几圈，就更加鼓舞人心了。进一步讲，他要是敢放言收回海参威的话，那就是中国的彼得大帝。

他在南海九段线内大建人工岛，那可是不会移动的航空母舰。欧巴马预感到老帝国气数的衰退，灰头土脸地撤走军舰。X 抓住这个历史机会，称霸南海，令周围小国敢怒而不敢言，也令中国人在海上扬眉吐气。中国的海警没收了美国的探海仪器，美国人连屁也没放。方显了 X 书记的英雄本色和亮剑的辉煌成果。

X 书记利用改革开放的财富建造了两艘航空母舰。足以构成对台独分子的威慑。其中瓦良格号表明中国废品回收的工艺已经超过老美。他们的 recycle 还停留在啤酒瓶和可乐罐阶段。哪儿比得 recycle 一艘庞大的废铜烂铁。当母舰在台湾海峡往来游戈的时候，X 书记已经把祖国的统一大业划入他的中国梦中。

在 19 大召开前，CCTV 每赞美一件成就时，务必加上"尤其是 18 大以后的贡献"。换成谦虚的语言，那就是务必把改革开放的成果一骨脑算到 X 的头上。既然 X 那么伟大，他终于有了足够的勇气，修宪。须知，修改国法在民主国家可是一件大事。必须经过上院和下院，甚至征求民意。在中国，这种举足轻重的大事居然像拉完屎擦屁股那么轻易，代表们全数举起手纸，一致通过。还得注明"应人民群众要求"。后来有人解释，X 并不想恢复终身制。那你让几千人举手干啥？

X 书记的建党伟业还体现到雄安新区上。按维基百科："雄安新区是中国第 19 个国家级新区，也是首个由中共中央、国务院印发通知成立的国家级新区，位于河北省保定市东部，由雄县、容城县、安新县及其周边部分地区组成，于 2017 年 4 月 1 日正式成立。定位为北京非首都功能疏解集中承载地、高水平社会主义现代化城市、京津冀世界级城市群的重要一极、现代化经济体系的新引擎、推动高质量发展的全国样板"

雄安的面积为 1576 平方公里，人口 104 万，产值 218 亿，不亚于邓副主席当初开创的深圳。X 书记高瞻远瞩，为子孙后代谋福，利在千秋。他平时眯缝双眼，就能看到千年大计。他要是龙眼全睁，万年大计不在话下。但他虚怀若谷，只说出了千年。把另外 9000 年的展望留给后人。中国能有这样高瞻远瞩的领袖乃万民之福。

X 的爱国情结高于历届，突出表现在他对台湾和香港急切占有的欲望。对台鼓吹武统，对港提前启动一国一致的过度。虽然不知道"送中"大计出自谁口，但对这么大的事情，定于一尊的他不会不知道。港民毕竟没有受过 70 年的共产教育和熏陶。他们不自量力，胆敢跟无产阶级专政叫板。从六月开始游行示威，折腾了半年。还趁 X 书记打盹儿的功夫，搞了个民主选举。然而中央对此不会听之任之。王外长已经扬言，民主派虽然赢了选举，但香港还是中国的一部分。哇噻，铿锵有力！

其实对港台的政策改变体现了 X 书记的雄心大计。他要建立的是人类命运共同体。这可是一个硕大的工程。至于人类都包括哪些阶级自不必说。完成这个工程的第一步就是实现中国命运共同体。外国人见你中国四分五裂，领土不全，那么构建人类命运共同体岂不是大白天做美梦。谁信？谁爱跟你共同？

在国际上，除了联俄抗美，他举着一带一路的旗帜，到处大撒币，尤其是非洲。在南美他挽救坚持独裁的委内瑞拉，在欧洲收买了濒于破产的希腊。其历史意义在于效仿当年先王润之的农村包围城市，来一个第三和第四世界包围第一世界的壮举。让马列的红旗插遍世界四方。毛皇地下有知，又得泪飞顿作倾盆雨了。

X 书记重视外交，建立了大国外交理论。光是 2015 年，就出访八次，访问了 10 个国家，参加 9 次国际会议，总共历时 42 天。
（https://www.thepaper.cn/newsDetail_forward_1431093 ）

他和他的 CCTV 最欣赏的就是欢迎仪式，不厌其烦地重播红地毯，唱国歌，还有那少不了的至少 21 响的礼炮。访问大国期间，还会效仿郭德纲老师，来个贯口报书名。如果不钻进图书馆 10 年，很难把几个国家的书名和作者唱全。凸显了 X 书记苦读诗书和满腹经纶的学问。

除了爱听礼炮，X 书记还有个军事检阅的爱好。香港《苹果日报》刊发评论说，阅兵、军演是为让军队向军委主席效忠、提升个人威望。连同 10 月 1 日中共建政 70 周年的大阅兵，自 2015 年以来，X 书记共有六次大阅兵，
（https://www.secretchina.com/news/gb/2019/04/11/890127.html）

成为中共阅兵次数和频率最高的领导。尤其是 2017 年在香港的阅兵，其意义深远。他间接告诉那里的百姓："你们要小心了，我有一支忠心的精锐部队守在那里。"果然，他在两年后开始觊觎港务，打算把罪犯送回大陆，从干预司法开始，提前过度到一国一制。出尔反尔，这个欲望终于在 2020 年经人大举手实现。

撇看毒源不说，一尊对武汉病毒遮遮掩掩的暧昧态度导致 COVD19 在世界蔓延，造成的生命和经济损失难于计算。并且最终导致中美关系的危机和在世界上的孤立。至今，中国和一尊仍然不敢大胆地承担责任，给世界人民一个说法。

今年洪水灾难殃及众多地域和百姓，未见一尊现场视察，指挥抗洪。一尊到底在忙啥？

X书记的另一件造诣就是X氏语汇。也就是他创作的新词。其历史意义不次于康熙词典和泽东语录。

据在网上不完全的搜寻，就有几十个之多。希望X书记继续创作，给后人留下宝贵的文化遗产。

1. 中国梦

实现中华民族伟大复兴，是近代以来中国人民最伟大的梦想，我们称之为"中国梦"。中国梦的基本内涵是实现国家富强、民族振兴、人民幸福。

2. "四个全面"战略布局

"四个全面"即"协调推进全面建成小康社会、全面深化改革、全面推进依法治国、全面从严治党"。

3. "五位一体"总体布局

即经济建设、政治建设、文化建设、社会建设、生态文明建设五位一体。

4. 两个一百年

在中国共产党成立一百年时全面建成小康社会，在新中国成立一百年时建成富强民主文明和谐的社会主义现代化国家。

5. 五大发展理念

十八届五中全会提出了"创新、协调、绿色、开放、共享"的五大发展理念。

6. 反"四风"

反"四风"就是反对形式主义、官僚主义、享乐主义和奢靡之风。

7. 八项规定

改进调查研究，精简会议活动，精简文件简报，规范出访活动，改进警卫工作，改进新闻报道，严格文稿发表，厉行勤俭节约。

8. 拍蝇打虎

"拍蝇打虎"即"老虎苍蝇一起打"，既坚决查处领导干部违纪违法案件，又切实解决发生在群众身边的不正之风和腐败问题。

9. 经济新常态

新常态是指经济发展进入高效率、低成本、优结构、中高速、可持续的发展阶段，表现为经济增长速度从高速增长转向中高速增长，经济结构从增量扩能为主转向调整存量、做优增量并存的深度调整，经济发展动力从要素驱动、投资驱动向创新驱动转换三大特征。

10. 供给侧改革

从提高供给质量出发，用改革的办法推进结构调整，矫正要素配置扭曲，扩大有效供给，提高供给结构对需求变化的适应性和灵活性，提高全要素生产率，更好满足广大人民群众的需要，促进经济社会持续健康发展。

11. 一带一路

一带一路是"丝绸之路经济带"和"21世纪海上丝绸之路"的简称。

12. 新型国际关系

　　新型国际关系以合作共赢为核心，是寻求处理好国家间关系、保持国际社会稳定发展的"中国方案"，主张以合作取代对抗，以共赢取代独占，不再搞零和博弈和赢者通吃那一套。

13. 命运共同体

　　"命运共同体"是近年来中国强调的关于人类社会的新理念，指在追求本国利益时兼顾他国合理关切，在谋求本国发展中促进各国共同发展。

14. 京津冀一体化

　　作为国家重大战略，京津冀一体化的核心内容及任务是在京津冀地区形成交通、市场、制度、公共服务、产业等方面的一体化建设，实现区域协调发展。

15. 互联网+

　　通俗来说，"互联网+"就是"互联网+各个传统行业"，佢这并不是简单的两者相加，而是利用信息通信技术以及互联网平台，让互联网与传统行业进行深度融合，创造新的发展生态。

16. 获得感

　　"获得感"本表示获取某种利益后所产生的满足感，现多指努力使各项改革适应党和国家事业发展要求，满足人民群众愿望和期待，让人民群众感受到实实在在的改革成效，共享改革成果的幸福感。

17. 精准扶贫

扶贫要实事求是，因地制宜，即要坚持因人因地施策，因贫困原因施策，因贫困类型施策，区别不同情况，做到对症下药、精准滴灌、靶向治疗。

18. 最后一公里

"最后一公里"指政策始终"走在路上"，服务始终"停在嘴上"，实惠没有真正"落在身上"的"末梢堵塞"问题。要让人民群众真正得实惠，就要切实解决好"最后一公里"问题。

19. 简政放权

"简政"，即解决机构职能交叉、政出多门、人浮于事、相互掣肘的现象，解决社会公共产品和服务提供不足、行政效率低下的问题。

"放权"，则是解决对经济活动审批过多、审批程序复杂、审批周期长效率低的问题，解决政府管了一些不该管的事情、一些该管的事情却没管好的问题。

20. 美丽中国

美丽中国，是环境之美、时代之美、生活之美、社会之美、百姓之美的总和。十八大报告首次强调建设美丽中国，并把生态文明建设放在了突出地位。

21. 政治规矩

"政治规矩"包含：一，党章是全党必须遵循的总章程，也是总规矩；二，党的纪律尤其政治纪律是刚性约束；三，国家法律是党员、干部必须遵守的规矩；四，党在长期实践中形成的优良传统和工作惯例。

22.三严三实

领导干部要严以修身、严以用权、严以律己，谋事要实、创业要实、做人要实。

23.关键少数

所谓"关键少数"，是事物发展过程中数量虽少但作用很大、起引领作用的因素。党的各级领导干部作为执政兴国的骨干力量，是毫无疑问的"关键少数"。抓住领导干部这个"关键少数"，就是牢牢牵住严明党的纪律和规矩的"牛鼻子"。

24.改革促进派

"改革促进派"是思想上坚定清醒，与党中央保持高度一致，恪守"三严三实"，自觉用"四个全面"战略布局统一思想，正确把握改革大局，想改革、谋改革、善改革的干部。

25.两学一做

即学党章党规、学系列讲话，做合格党员。在全体党员中开展"两学一做"，目的在于推动全面从严治党向基层延伸，保持发展党的先进性和纯洁性。

以上条目引自 http://www.hrbmu.edu.cn/jjjcc/info/1036/1113.htm，致以感谢！

还有一些 X 创词汇，限于篇幅，不予诠释。

全过程民主

不忘初心

政治规矩

精准扶贫

厕所革命

供给测

洗澡正冠照镜子、正衣冠、洗洗澡、治治病

正能量

APEC 蓝

吃水不忘打井人。当我们俯首跪拜 X 书记的时候，不能不感谢他的父亲。X 老爷子早年献身毛氏革命，做过红朝高官，后因一本小说被打成反革命。此后耿耿于怀，他对中国失去信心和希望。让子女们利用关系，于发财致富之后侨居美澳。但他毕竟没忘初心，把质量最好的 X 家骨血留给大陆人民。从 X 书记的政绩和作为不难看出，X 老爷子用心良苦，家教有方。说他"忠厚传家久，诗书继世长"毫不过分。当我们享受 X 书记阳光普照的时候，不能忘记 X 老爷子的精心培育。把最得意的儿子留下来保住祖坟，守住江山。感谢陕西阜平的父母官们，体恤民情，为 X 老爷子修建了占地百亩的陵园。表达了全国人民对 X 家的热爱与崇拜。父以子贵，X 老爷子受之无愧。想必他正在阴间与同僚们举杯酣饮，弹冠相庆。

从 X 的八年执政不难看出，这个在文革中度过中学时代的他，素有毛公之志，让红旗插遍五洲四海，使环球同此凉热。在改革开放中，前任积累的财富和经济的崛起，加之欧巴马在太平洋地区的撤离，这些因素导致 X 的头脑膨胀，误以为天欲降大任于斯人也。于是他盲目的提出一带一路，四处撒币；扩军备战，多次检阅军队；同时填海造岛和制作

168

航空母舰。他狂妄地提出人类命运共同体的设计，他要统治的不光是地球，还有全部的人类。

可惜生不逢时，美国新任总统在COVD9后终于看出了X的勃勃野心，看穿了这个政权的本质。于是他对X所依赖的政权的合法性表示怀疑。图穷匕首见，当一个政府的本质被揭穿之后，这个政府即使服软认怂，再玩一回十年生聚十年教训，恐怕也难圆破镜重归原点了。也许这正是X总书记的历史贡献。无疑，这也是历史发展的一种动力，一座蓄满"负能量"的暗火山。

世界形势和组合如何发展，中国的未来和出路在哪里？让我们群策群力，拭目以待。

2022
十年政绩—把龙椅拱上火山

1-25

西大书记任职快十年了。作为GDP老二的大国，回顾他近十年做过的事情，最自然而不过了。换言之，他这十年里究竟有哪些政绩？

一带一路？那是消费改革开放的积蓄，撒掉没有收获的种子。算不上政绩。

人类命运共同体？那不过是一个空洞的终极目标，算不上政绩。

中国梦？那不过是一场诱人的梦幻，把乞食袋当幌子挥舞，算不上政绩。

反贪？那是他清除异己和政敌的工具，也算不上政绩。

对抗欧美？把朋友变成敌人，那是愚蠢。

武汉病毒？他没有在第一时间果断处理，那是渎职与罪过。

清0？用专制的手段剥夺百姓的自由，越清越不零，那是凶残？

听罢，左派幼稚病患者不干了，"听你这么一说，伟大的西总书记带领我们14亿人民白忙乎了，十年虚度。大胆妖僧，还不束手就擒！"

您且息虎狼之威雷霆之怒，听我慢慢道来：

比起马英九和蔡英文，这位西书记就显得文化资质太低，错别字一箩筐。但他的权斗手腕和心计却高人一筹。在正式上台以前，他做了两件事。一件是在情人节以王储身份访美，表现出一副殷勤友好的姿态，锋芒不露，稳住对方。另一件是借助胡温之手，拿下熙来。一山难容二虎，熙来不除，皇位难保。

在18大开幕的时候，新老班子达成"不走邪路"的共识，把西方民主国家视作"亡我之心不死的"的敌对势力。这个共识成为西书记十年外交路线的主旨。

他在前五年所做的事情，概括来说，就是消费改革开放积蓄和财富，作为出访次数最多最频繁的总书记，他几乎兼任了外交部长。用输出经济利益的方式树立他的国际威望。在一带一路上恣意挥霍改革开放积攒的金钱，充当他人类命运共同体的序曲。在军事上，他强行在南中国海构建人工岛屿，扩充军事实力。他是在五年的时间里检阅军队次数最多的总书记。尤其是在香港的那次检阅，用军事力量展示他要中断一国两制强烈欲望。这五年里，除了消耗改革开放的成果，就是结束邓小平的韬晦之计。手握剑柄，跃跃欲试。

他在后五年的作为对内在于把功劳归于自己，树立个人的权威。在19大前夕，CCTV历数执政党的"成就"时，每句话都得挂上"尤其是18大以来。"对外则开启对自由世界亮剑和战狼外交。

在香港，他借口"反送中"大举打压民主人士和热爱自由的青年学生。最后，背信弃义，悍然撕毁了邓小平铺垫的"50年不变"的协议，向自由民主挑战。

除了香港，他还在新疆、西藏和内蒙古的实施种族灭绝政策，打压民族语言，建立集中营。践踏基本的人权价值观。此外，对台态度强硬，欲借统一之名，穷兵黩武。

在經濟上他开始实行央企、國企垄断，打击、限制改革开放的主要动力，民企及国际投资，倒行逆施。在中美贸易战中，拖延耍赖，在谈判的关键时刻，撕毁协议。他脑瓜一热匆忙拍板的雄安规划也随成片汤，一场空欢喜。

为了效仿普金，他在 19 大强行修宪，为实现终身领袖的野心做准备。为此，他还要炮制新的
历史决议，企图抹杀后三十年的成果，为开倒车寻找理论依据。终因缺乏共识，使决议成为一纸空文，别无新意。

在天灾和人祸面前，他采取退避三舍，让其他常委出来独当一面。事实上，他身兼十多个中央领导小组的组长，可是轮到他该出面的时候，他却萎缩不前，推卸责任。

在 COVID19 面前，他先掩盖后清零。以至于病毒迅速蔓的延世界的各个角落，造成难以估算的经济损失和数百万人的死亡。而强制清零又褫夺了百姓生活的权利，令生灵涂炭。

不管他在 20 大能否如愿以偿，他的野心爆发都会触发国家的动荡不安。他这十年的努力可以概括为一句话，那就是把龙椅推向山顶。从而他会像毛泽东那样君临天下，或者像普金那样赖着不走。他的确是一位水平低下但"雄心勃勃"的野心家。

可是他没料到，他要坐临的山顶将是一座火山，他的龙椅则刚好悬在火山的喷口 。最终，内部斗争和重重的矛盾的激化，会引起火山喷发，他和他的龙椅将被炽热的岩浆吞没。

自 1921 年以来，共党之所以内部斗争激烈就在于没有民主制度，没有明确的任期制度。于是专横跋扈的权位引发野心家们的不断争夺。党史上的 10 次路线斗争不是无产阶级和资产阶级的斗争，也不是进步于落后的的斗争，而是一场你死我活抢夺权力之争。邓的集体领导和任期制本来是对共

党统治机构的改良，具有进步意义。至少，在某种程度上可以给皇位下的野心家们一些机会，从而缓解内斗。而西书记却把机构改良当成称帝的阻碍，千方百计加以废除。

那么，为什么西书记非要逆向行驶，离经叛道呢？

第一，他从小久目睹了毛泽东树立个人权威的过程，在小学毕业后又赶上文革。由于缺乏自我思考和判断的能力，盲目崇拜起人为树立的毛神的形象。因此，当那个时代的成年人，尤其是知识分子开始反思并对文革批判的时候，他却热衷于毛泽东的意识形态的回归，并留恋文革十年的顺昌逆亡的恶流。

第二，他缺乏自知之明。他几乎没上过中学，也读不懂**《邹忌讽齐王纳谏》**这篇课文。因此，时机一旦成熟，他便开始觊觎毛泽东式的终身领袖地位。然而在威望上，他不如第一代领导人毛泽东、邓小平；在能力上他不如第二代领导人江泽民、胡锦涛；在谋略和胆识上，他不如普京；在学位和文化上，他也不是同龄人中的佼佼者，窃取个学位还堂而皇之地招摇。似此以其昏昏而使人昭昭，势必导致国难临头。

第三，他是继毛太祖之后，第一个红二代的领导人。如果说改革开放的方针重视的是 经济和财富，那么他更加珍惜的是红色江山。如果江山丢了，他愧对列祖列宗，政权丢了，要一堆财富还有何用？因为财富的主人已经不是共产主义的接班人。

他在十年间朝思暮想的就是他个人的形象和对他的百般吹捧。什么不绝对忠诚就是绝对不忠诚，什么震撼发言的英明领袖，吹鼓手们一次又一次抬起光屁股的国王。他却自鸣得意，忘乎所以。一个不学无术不思进取的小学生，居然创造了那么多思想、那么多著作、那么多名词。其夸张程度无以复加，为理性健全的人所不能接受。这些堂皇的桂冠同他的治国成就相比，就像数学中的无穷大比 0，$\infty/0$，二阶无穷大。

现在，距离 20 大还有几个月的时间，我们可以预料，醉心连任的总书记已经骑虎难下。然而不管他的愿望能否实现，都会触发党内激烈的斗争。城门失火，殃及池鱼，斗争的结果则是经济的衰退和民间的苦痛。但愿这场大火能把一党专制的国家机器一同烧掉。

无奈的是，中国目前还没有一股力量能阻止这只硕大的屎壳郎把屎球拱上火山。